Rund um Dresden für Liebhaber
99 Orte überraschend. anders.

Impressum

© edition Sächsische Zeitung · SAXO'Phon GmbH
Ostra-Allee 20 · 01067 Dresden · www.editionsz.de

Autor: Dr. Peter Ufer
www.peterufer.de

Fotograf: Jörg-R. Oesen

Grafische Gestaltung: Thomas Walther, BBK
Satz, Bildbearbeitung: www.oe-grafik.de
Druck: Elbtal Druck & Kartonagen GmbH

Alle Rechte vorbehalten · 1. Auflage · September 2013

Das Werk einschließlich aller seiner Teile ist urheberrechtlich
geschützt. Jede Verwertung außerhalb der engen Grenzen des
Urheberrechtsgesetzes ist ohne Zustimmung unzulässig und
strafbar. Das gilt insbesondere für Vervielfältigungen, Über-
setzungen, Mikroverfilmungen und die Einspeicherung und
Verarbeitung in elektronischen Systemen.

ISBN 978-3-943444-20-9

Peter Ufer

Dresden
Rund um
für Liebhaber

99 Orte

überraschend.
anders.

Mit Fotografien
von Jörg-R. Oesen

edition Sächsische Zeitung

Inhaltsverzeichnis

Manchmal muss man einfach raus 8

1 Altkötzschenbroda, Dorfanger 12
2 Bad Muskau, Schloss und Park 14
3 Bad Schandau, Aufzug 16
4 Bannewitz, Eutschützer Mühle 18
5 Bautzen, Dom St. Petri 20
6 Bautzen, Sorbisches Museum 22
7 Bischofswerda, Butterberg 24
8 Bonnewitz, Hohe Brücken 26
9 Borsberg, Landgasthof Meixmühle 28
10 Borthen, Apfelplantagen 30
11 Chemnitz, Museum Gunzenhauser 32
12 Chemnitz, Industriemuseum Chemnitz 34
13 Chemnitz, Karl-Marx-Büste 36
14 Chemnitz, Kaufhaus Schocken 38
15 Coswig, Blaudruckerei Folprecht 40
16 Deutschbaselitz, Baselitz-Rundweg 42
17 Dippoldiswalde, Lohgerber-, Stadt- und Kreismuseum 44
18 Dohna, Kirche und Burg 46
19 Dresden, Militärhistorisches Museum der Bundeswehr 48
20 Dresden, Eisenbahnmuseum 50
21 Dresden, Gohliser Mühle 52
22 Dresden, Kinder- und Jugendbauernhof 54
23 Dresden, Ludwig-Richter-Haus 56
24 Dresden, Weingut Zimmerling 58
25 Eibau, Faktorenhof 60
26 Freiberg, Dom 62
27 Freiberg, Schloss mit terra mineralia 64
28 Freiberg, Kartoffelhaus 66
29 Freital, Schloss Burgk 68
30 Geierswalde, Geierswalder See 70

◁ Die Böhmische Brücke über die Spree in
Obergurig bei Bautzen in der Oberlausitz.

31 Glashütte, Deutsches Uhrenmuseum..72

32 Görlitz, Historischer Büchersaal..74

33 Görlitz, Heiliges Grab..76

34 Graupa, Richard-Wagner-Stätten..78

35 Großröhrsdorf, Masseneibad..80

36 Großsedlitz, Barockgarten..82

37 Grüngräbchen, Rhododendronpark..84

38 Hermsdorf, Landschloss..86

39 Hinterhermsdorf, Obere Schleuse..88

40 Hohnstein, Puppenspielhaus..90

41 Kamenz, Lessingmuseum..92

42 Kottmarsdorf, Windmühle..94

43 Kriebstein, Burg und Talsperre..96

44 Leipzig, Deutsche Nationalbibliothek..98

45 Leipzig, Baumwollspinnerei..100

46 Leipzig, Panorama Tower – Plate of Art....................................102

47 Leipzig, Völkerschlachtdenkmal..104

48 Lilienstein..106

49 Löbau, Aussichtsturm Löbauer Berg..108

50 Malter, Talsperre..110

51 Meißen, Boselspitze..112

52 Meißen, Heinrichsbrunnen..114

53 Meißen, Staatliche Porzellan-Manufaktur..................................116

54 Meißen, Landesgymnasium St. Afra..118

55 Moritzburg, Fasanenschlösschen..120

56 Moritzburg, Käthe Kollwitz Haus..122

57 Nebelschütz, Osterreiten..124

58 Neschwitz, Schloss..126

59 Neukirch, Leinewebereien..128

60 Nossen, Schloss, Klosterpark Altzella......................................130

61 Oberau, Wasserschloss..132

62 Oberbärenburg, Hochzeitskirche..134

63 Oybin, Kloster und Burg..136

64 Panschwitz-Kuckau, Kloster St. Marienstern............................138

65 Pfaffenstein..140

66 Pirna, Teufelserker..142

< 6 | 7 >

67	Pulsnitz, Pfefferküchlereien	144
68	Rabenau, Deutsches Stuhlbaumuseum	146
69	Radeberg, Museum Schloss Klippenstein	148
70	Radebeul, Lügenmuseum	150
71	Radebeul, Volkssternwarte	152
72	Radebeul, Schloss Wackerbarth	154
73	Radebeul, Spitzhaustreppe	156
74	Radebeul, Teehaus	158
75	Radebeul, Villa Sorgenfrei	160
76	Rammenau, Barockschloss	162
77	Rathen	164
78	Rehefeld	166
79	Reinhardtsgrimma, Schloss	168
80	Riesa, Nudelzentrum	170
81	Riesa-Jahnishausen, Lebenstraumgemeinschaft	172
82	Scharfenberg, Schloss	174
83	Schmorsdorf, Museum und Linde	176
84	Schönfeld, Schloss	178
85	Schwarzkollm, Krabat-Mühle	180
86	Seifersdorf, Schloss und Park	182
87	Spreewald, Leipe	184
88	Stolpen, Burg und Basalt	186
89	Strehla, Nixenstein	188
90	Tharandt, Bahnwärterhaus	190
91	Tharandt, Burg	192
92	Torgau, Schloss Hartenfels	194
93	Wehlen, Markt und Kirche	196
94	Wilthen, Weinbrandbrennerei	198
95	Wolfsschlucht	200
96	Zabeltitz, Palais und Park	202
97	Zittau, Kirche zum Heiligen Kreuz	204
98	Zittau, Kleinbahn	206
99	Zuschendorf, Schloss und Botanische Sammlungen	208

Hier muss ich gewesen sein ...210

Der Autor und der Fotograf ...212

Manchmal muss man einfach raus

Dresden ist viel, aber nicht alles. Es gibt auch plötzlich Augenblicke, wo alles in Dresden zu viel wird. Das ist der Moment, wo sich die romantische Selbstverliebtheit wie Mehltau auf die Gemüter legt. Zu viel des Guten kann zu Schwermut führen. Doch der Dresdner, der Sachse verliert den Mut nicht, dazu ist ihm das Gute zu heilig. Er kennt Auswege, die führen aus der Stadt heraus. Manchmal nur wenige Kilometer bis nach Radebeul, Graupa oder Pirna, manchmal weiter bis nach Görlitz, Zittau oder Riesa, vielleicht bis nach Leipzig oder Chemnitz. Dresden ist viel, aber viel mehr durch seine Umgebung. Elbflorenz wuchs in den vergangenen zwanzig Jahren über sich hinaus, auch wenn die Nachbarn das nicht so gern sehen. Von Meißen bis Pirna reicht die Elbestadtgegend, zu der sich auch das Erzgebirge und die Sächsische Schweiz zählen lassen. Das Elbtal von den Domspitzen bis zu den Tafelbergen gleicht einem Amphitheater, in dem sich jahrhundertelang Dramen und Kämpfe abspielten, schrieb der Dresdner Publizist Kurt Liebmann 1970 in seinem Buch »Dresden, Stadt der Künste«. Und weiter: Der Elbestrom mit dem Saum umlaufender Randhöhen, die Täler und Kulturbauten prägen Dresden und seine Umgebung. Hunderte von Künstlern, Frauen und Männer, die in Verwaltungen als Touristen gezählt werden, fuhren und fahren hierher wie in ein Seelensanatorium, das als Therapie die Harmonie von Natur und Kunst bietet. Sie suchen Heilung. Der Franzose Stendhal sprach es einst aus: »Die Gegend wird mich heilen.«

Hans Christian Andersen reiste im Frühjahr 1831 von Leipzig über Dresden in die Sächsische Schweiz. Es waren die Schönheiten dieser Gegend, die den dänischen Dichter besonders entzückten, es war die freundliche Aufnahme »vortrefflicher Menschen«, die ihm guttat, und es war die geheimnisvolle Melancholie, die über dieser sächsischen Landschaft lag und seiner Herzensstimmung entgegenkam. Ludwig Tieck, Jean Paul, Heinrich von Kleist, Alexander von Humboldt, Caspar David Friedrich, Philipp Otto Runge, Arthur Schopenhauer, Bettina von Arnim, E. T. A. Hoffmann, Carl Maria von Weber und Richard Wagner empfanden in den Jahren nach 1800 die zauberhafte Poesie der Gegend in und um Dresden mit ihrem Dreiklang aus Natur, Architektur und Kunst als überaus anregend. Hier entstand zu jener Zeit das Zentrum des deutschen Geisteslebens. Die Freiheit, zwischen Zeit und Raum zu pendeln, inspirierte Künstler. Sonst wären sie nie gekommen, geschweige denn geblieben. 1813 schrieb Theodor Körner: »Erkennst du die heitern Gebäude nah an der Elbe Strand? Freundlich hat sich der König den freundlichen Garten erzogen. Und vom Borsberg her schweift in die Ferne der Blick.« Besonders im Frühling erwacht die Gegend kraftvoll. Wer im Mai mit dem Schiff Richtung Bad Schandau fährt, sieht morgens den graugelben Sandstein dampfen. In der Sächsischen Schweiz steht dann der Wald üppig und scheint sich als flauschiger Teppich über die Hügel zu legen. Nadel- und Blätterwellen weben ein Meer aus purem Grün. Wie Regenwald bedecken Bäume bis zum Horizont Gipfel, Kamine, Risse, Felsbänder, Überhänge und Schluchten. Die feucht geschwängerte Luft fächelt von den Felsbändern und Rinnsalen Kühle zu. In anderer Richtung nach Meißen hin lockt das Licht der Blüten, Winzerhäuser und Weinreben schmiegen sich an die Hänge, wo versteckt ein Schloss dem anderen folgt. Philipp Otto Runge, der 1802 rund um Dresden wanderte, um zu malen, und hier die Idee zu seiner Farbenlehre entwickelte, sagte: »So einen Frühling wie hier habe ich noch nicht gesehen.« Ein Früh(lings)romantiker.

Der Mensch ist im Sinne Goethes »eine Summe seiner Vergangenheit«. Das gilt auch für die Stadt und ihre sie umgebende Landschaft. Als gegen Ende des 6. Jahrhunderts die Sorben in das seit der Völkerwanderung fast unbesiedelt gebliebene Elbtal einrückten, zählten Orte an den Flüssen wie Elbe oder Spree zu ihren zahlreichen Dorfgründungen. Auf hochwasserfreiem Terrain lagen die Siedlungen, deren Namen, wie Neschwitz, Zabeltitz oder Panschwitz, noch heute an jene slawischen Gründungen erinnern. Bauern erschlossen das Land, das sich später verschiedene Herrscher unter den Nagel rissen.

Dresden ist viel, aber vieles wirkt nach dem Wiederaufbau glatt geleckt, wie aus dem Baukasten der Unfehlbarkeit, sodass die Überraschungen nicht mehr offensichtlich sind. Die finden sich leichter zwischen Bad Schandau und Stolpen, Bad Muskau und Bautzen, Eibau und Oybin. Die Lausitz gehört zu den am meisten unterschätzten Landstrichen Deutschlands. Dabei breitet sie sich wie die Toskana unter einem Himmel aus, wie ihn sonst nur das alte Ostpreußen kennt. Diese Kombination und die Kunst-Plätze mit ihren katholischen Überdauerungsorten sind einmalig. An mancher Stelle zeigen sich noch die offenen Wunden der Vergangenheit, die andere Seite des Aufbaus Fernost, der nicht viele Lücken ließ. Zum Glück lässt sich aber dort noch Zerbrechlichkeit ahnen. Gelebtes Leben hinterlässt Spuren. Die neue Zeit raubt alte Schönheit. Die galt bisher als Maßstab. Sonst nichts. Gewiss, es änderten sich in den vergangenen zwanzig Jahren viele Orte zum Besseren. Schlösser, Palais, Herrenhäuser und Höfe sind als solche wieder erkennbar. Eine Renaissance der Vorkriegsdenkmale, eine strahlende Wiederkehr des fürstlichen Erbes, zugleich ein feines Ergänzen der historischen Architektur und neue Bauten, von denen manche irgendwann zu Klassikern werden.

August der Starke war es, der von einer Perlenkette aus Schlössern rund um Dresden träumte. 1716 schrieb der Kurfürst seine Ideen auf. In einer Liste notierte er 24 thematisch verschieden ausgerichtete Lustschlösser. Neben der Residenz, dem Zwinger und einem Porzellanschloss in Dresden sollte beispielsweise ein Jagdschloss in Moritzburg entstehen, ein Luftschloss in Großsedlitz. Geblieben ist ein Fragment gigantischer Pläne. Schloss Pillnitz rangierte auf der Liste als »Chevalleri«, den Reiterspielen zugeordnet. Zudem wünschte sich August Architekten und Stile. Matthäus Daniel Pöppelmann sollte Pillnitz aufpeppen, und zwar in einem »ginetischen«, also einem chinesischen Design. Der »indiansche« Auftakt zur Schlössertour. Wie auf chinesischen Teetassen gezeichnet und nicht in der deutschen Bergnatur zu Hause, so sah später Andersen das Schloss.

Der starke August fuhr gern mit seinen Geliebten von Dresden die Elbe rauf. Kleine Lustreisen ins große Schloss Seitensprung. Als er sich in Anna Constantia von Cosel verliebte, schenkte er ihr 1706 das Pillnitzer Anwesen, das sie 1713 bezog. Für ewig. So hoffte sie. Die Cosel mochte den Garten, sie begann, ihn nach ihrem Bilde hübsch zu planen, fing an, alles umzugestalten, ließ die Heckenquartiere anlegen und erste exotische Blumen pflanzen. Die Blüte erlebte die Herzdame nicht mehr, denn August hatte bekanntlich bald die Nase voll von der taffen Frau, die mehr wollte, als nur Betthase des Königs zu sein. Ihn nervte die erste Feministin des Hofes, er nahm ihr Schloss Pillnitz wieder weg und entdeckte das Gelände für sich als neuen Spielplatz eigener Fantasien. Die Cosel landete auf Burg Stolpen, wieder ein Ort rund um Dresden, der Geschichte schrieb.

Vieles in Dresden lässt inzwischen verzweifeln. Als im April 2012 beispielsweise vor dem Pillnitzer Park zwei Pressspanhütten an den Eingängen standen, gab es Gegenwehr. Baracken vor Barock. Davor wurden Mitarbeiter einer Wach- und

Schließgesellschaft stationiert, um von Menschen, die den Park besuchen wollten, Eintritt zu verlangen. Zum ersten Mal, seit dieses Schloss existiert. »Krieg den Hütten, Friede dem Palast!«, riefen deshalb Anwohner, die in dem vom sächsischen Finanzministerium erhobenen Wegezoll ein Symbol jämmerlichen Kleingeldgeistes sahen. Immer weniger Dresdner kamen, wichen in die Umgebung aus. Denn die Schönheit gehört niemandem, sondern der Mensch soll sie erhalten. Geld damit zu scheffeln ist nicht gut, sondern das Ende der sächsischen Geschichte. Doch ein chinesisches Sprichwort sagt: Am Ende ist alles gut. Und wenn es nicht gut ist, dann ist es noch nicht das Ende.

Das Landschaftserbe in und um Dresden gehört allen, die Verwalter haben es nur über die Zeit zu retten. 1988 wollten SED-Funktionäre das verfallene Pillnitzer Palmenhaus abreißen. Wieder waren es Bürger, die den Kampf aufnahmen und den Abriss verhinderten. Im Frühjahr 1989 protestierten sie gegen den Verfall der Weinbergkirche. Beide Gebäude sind heute saniert. Das ist beispielhaft für Sachsen.

Wer heute beispielsweise durch Görlitz fährt, sieht sich unvermutet in ein Viertel aneinandergereihter Denkmale höchster Güte aus spätgotischer Üppigkeit und massenweise Renaissance, aus Barockbürgerhäusern in der Altstadt sowie ausgedehnten Gründerzeitquartieren im Umkreis des Zentrums versetzt. Italienische Verhältnisse, gemischt mit deutscher Architektur und einem Kunstreichtum, der entdeckt werden will. Dresdner Umgebung zum Hinfahren, zum Verweilen, zum Staunen. Genau so geht es dem Besucher bei einer Fahrt nach Zittau oder Kamenz, Pirna oder Dippoldiswalde, Leipzig oder Chemnitz. Überall Überraschungen, überall lohnenswerte Ziele. Von Dresden aus kann die Eroberung starten. Und wer zurückkommt, der freut sich auf Elbflorenz und ist bereit, viel mehr zu entdecken.

Bummelletzter auf der Schlendermeile

Altkötzschenbroda ist ein Ortsteil von Radebeul. Die Alte Apotheke ist eins der vielen Restaurants auf dem geschmackvoll restaurierten Dorfanger.

Sich treiben lassen fällt den meisten Menschen immer schwerer. Meistens ist etwas, irgendwas, das nicht verpasst werden darf oder noch erledigt werden muss. Pustekuchen! Jetzt wird blaugemacht. Altkötzschenbroda scheint dafür wie geschaffen. Zehn Kneipen, Cafés und Restaurants laden dazu ein. Nichts Menschliches bleibt einem dabei fremd. Hier darf jeder Bummelletzter sein. Die kleinen Fachwerkhäuser und Gehöfte als Rahmen für eine Marktstraße erinnern nach den ersten zwei Schoppen an eine Stadt im wilden Westen. Und tatsächlich kann es passieren, dass einer mit dem Pferd über die Straße galoppiert. Die Villa Shatterhand des Abenteuerfantasten Karl May befindet sich ganz in der Nähe. Der Schriftsteller schlenderte hier einst durch die Gassen und musste nicht viel erfinden. In der sächsischen Prärie eroberte er die ganze Welt.

Altkötzschenbroda existiert schon seit dem 13. Jahrhundert, es überlebte alle Unbilden wie ein kleines Widerstandsnest und rappelte sich immer wieder auf. Die Bewohner empfangen gerne Gäste, aber sollte sie einer unrechtmäßig schröpfen wollen, dann werden sie ietzsch. So geschehen, als Anfang der 2000er-Jahre der Radebeuler Bürgermeister meinte, jetzt sei es nach gut 20 Jahren aber schön geworden in dem Stadtteil, und jeder Hausbesitzer solle für die Wertsteigerung an das Rathaus Geld zahlen. Was für ein Angriff auf das Selbstverständnis der Coschebroder, wie einst die Ureinwohner hier hießen. Schön gemacht hatten es doch die Eigentümer der Häuser und Höfe und nicht die Stadtverwalter. Die lernten ihre Sachsen kennen, die bei aller Gemütlichkeit spontan die Revolution ausrufen. Hier sind die Menschen mit ihrem Boden verwurzelt und verteidigen, was sie haben. Im Pfarramt schlossen sie schon 1645 einen Waffenstillstand zwischen Sachsen und Schweden und leiteten so das Ende des Dreißigjährigen Krieges ein.

Gut so, denn so reifte Individualismus, kamen zu den uralten Kaschemmen neue hinzu, die in Form und Anspruch der Tradition gleichen und dennoch modern sind. Stilbruch bekommt keine Chance. Galerie, Café, Designerladen, Töpferei, Modeboutique und Kindertummelplatz reihen sich aneinander wie Perlen auf einer Kette. Und der Gast muss nicht hetzen, um etwas zu erleben, sondern das Erlebnis kommt vorbei. Jeder Anlass ein Fest. Es treibt einen mitten in die Gelassenheit oder zu Freunden, zu einem Gespräch oder zu einem Pustekuchen. Einfach fallen lassen.

Liebesdrucker für Romanzen

Bad Muskau lockt mit dem wiederaufgebauten Schloss des Fürsten Pückler, der zugleich den legendären Park schuf.

2

Bad Muskau hat, was Dresden fehlt: einen Liebesdrucker. Eine zarte Berührung des Bildschirms, und schon kommen Schmachtzeilen aus dem Automaten. Allerdings muss der oder die Liebste empfänglich sein für den Stil eines Vollromantikers wie Hermann von Pückler. Die Briefe des Bad Muskauers sind in seinem Schloss verfügbar wie Lovesongs bei youtube. Zudem baute sich der Fürst gleich noch einen Park samt Liebeshügel mit aufgestellter Rundbank dazu. Die Mädels sollen ihm reihenweise um den Hals gefallen sein. Jedenfalls schrieb er es so auf, und außerdem verließ er seine Frau, um sie weiter zu lieben, aber gleichzeitig frei zu sein für eine reiche Braut. Schließlich brauchte der Mann Geld für sein Anwesen und den Park, den er im englischen Stil in Muskau bauen ließ. Um Eindruck zu schinden bei Kreditgebern, beschaffte sich der Geadelte auch noch reichlich Orden. Es glaubte ihm die feine Gesellschaft. Damals prüfte noch keiner neidvoll Titel für einen politischen Absturz.

Dresden fehlt, was Bad Muskau hat: ein Titel, nicht erkauft und vor allem nicht verloren. Der deutsch-polnische Park darf sich seit 2004 UNESCO-Welterbe nennen. Während sich die Elbestadt mit einem Streit um die Brücke am Waldschlößchen global lächerlich machte, ergriffen die Muskauer an der Neiße die Chance zur Zonenrandermutigung. Man mag ihnen eine Liebeserklärung schreiben, denn so geriet die einmalige Landschaft in die Weltliga kulturell wertvoller Ziele.

Sein ab 1815 erschaffener 830 Hektar großer Park gehört zu Sachsens schönsten Schlendermeilen. Und da Liebe bekanntlich durch den Magen geht, gibt es nicht nur einen Schlossteich und Brücken über das Neißeflüsschen, sondern auch einen Küchengarten mit allerlei lieblichen Gewürzen. Und als Krönung wachsen in der Orangerie Ananas. Bis zu drei Jahre brauchen sie, um zu reifen. Wer so lange nicht warten will, kann im Museum künstliche Ebenbilder betrachten.

Fürst Pückler musste sein Schloss irgendwann verkaufen, ihm ging das Geld aus. So geht es mit vielen Schlossbauten auf der Welt, da machte er keine Ausnahme. Seine Architektur blieb. Allerdings zunächst nur bis 1945. Da brannte das Schloss aus. 50 Jahre lag es brach, bis es 1995 wieder aufgebaut wurde. Respekt. Und das fehlt Dresden dann doch nicht. Denn die Stadt besitzt ein Schloss, ganz anders als der Pückler-Palast, aber ebenfalls wunderbar. Und in den Cafés gleich nebenan gibt es bestimmt auch Pücklereis mit Schokolade, Erdbeere und Vanille.

< 14 | 15 >

Bad Muskau

Stiftung »Fürst-Pückler-Park Bad Muskau«
Neues Schloss | 02953 Bad Muskau | Telefon 035771 63100
www.muskauer-park.de

Aufschwung in Bad Schandau

Der Fahrstuhl in **Bad Schandau** führt zur Ostrauer Scheibe. Der Lift ist 50 Meter hoch, frei stehend und aus Stahl gebaut wie der Eiffelturm.

3

Sächsische Schlossmanager wollen gern mit steigenden Touristenzahlen abheben. Deshalb ließen sie Studien erstellen, wie das wohl möglich wäre. Ergebnis: Technik soll es bringen. So feiern die Schlossverwalter heute gern Fahrstühle als Clou des modernen Sightseeings. Meißen bekam 2011 an der Burg einen gläsernen Aufzug, der jedoch vor allem dadurch bekannt ist, dass er gelegentlich stecken bleibt. Vor den Felsen der Festung Königstein fährt ebenfalls seit Neuestem ein Glaslift, der allerdings dadurch Berühmtheit erlangte, dass er aussieht, als würde er in einem provisorischen Baugerüst hängen. Die Studien empfehlen zudem, von Rathen zur Bastei eine Kabinenbahn zu bauen. Noch fehlt die, kommt aber sicher eines Tages, denn Massen wollen bewegt werden, sie bewegen sich nicht.

Das wusste der Hotelier Rudolf Sendig schon zu Beginn des vergangenen Jahrhunderts. Dazu brauchte der Unternehmer keine Berater, er benutzte einfach seinen gesunden Menschenverstand. Von Bad Schandau aus ließ er 1904 einen elektrischen Personenaufzug bauen, um die Stadt mit der 130 Meter über der Elbe gelegenen Ostrauer Scheibe zu verbinden. Der Lift ist 50 Meter hoch, frei stehend und aus Stahl gebaut wie der Eiffelturm, Jugendstilarchitektur inklusive. Der Geschäftsmann hatte auf der Höhe Fertigteilvillen errichten lassen, und immer mehr Gäste kamen, um dort zu übernachten. Jedes der Häuser ist übrigens ein kleines architektonisches Meisterwerk und einen Spaziergang wert.

Der Lift bringt noch heute jeden schnell nach oben. Allerdings war auch Sendig nicht frei von einem Irrtum. Er glaubte, die Besucher würden ein Stück des Weges laufen wollen. Diese beschwerten sich indes, der Fahrstuhl sei zu kurz. Der Hotelier bereute, den Lift nicht gleich bis zum obersten Felsen gebaut zu haben. Trotzdem ist er auch über hundert Jahre später immer noch eine Attraktion, denn von der oberen Plattform haben Besucher einen sensationellen Ausblick über das Elbtal bis hin zum Lilienstein. Und hinter der 35 Meter langen Brücke geht nicht nur ein Weg zu den Villen und dem wiedereröffneten Hotel Ostrauer Scheibe, sondern hier ist auch Start für die schönsten Wanderungen. Insgesamt führen durch das Elbsandsteingebirge mehr als 1200 Kilometer Wege, Bergpfade und Klettersteige aller Schwierigkeitsgrade. Unter dem Lift residiert Bad Schandau, das Kurbad, welches mit seinen Kliniken, Hotels und der Toskana Therme inzwischen zu den edlen Ausflugszielen Sachsens gehört.

Bad Schandau

Tourist-Service im Haus des Gastes
Markt 12 | 01814 Bad Schandau | Telefon 035022 900-30
www.bad-schandau.de

Freier Blick
für freie Bürger

Bannewitz bei Dresden bietet einen fantastischen Ausblick über die Stadt und einen Einblick in die Geschichte.

4

Aus dem Dresdner Tal muss aufsteigen, wer den Überblick bekommen will. Unten reicht der Blick immer nur bis zum nächsten Hang. Blickengen erbitten Offenheit. Deshalb will der Dresdner nach oben. Er muss seinen Weitblick schulen. Eine Gelegenheit dafür bietet sich in Bannewitz. Deshalb heißt dort eine Straße auch »Freier Blick«. Von diesem Ort aus sieht sich die Stadt da unten wie ein Brettspiel an. Die Türme bieten Orientierung, dort das Rathaus, da das Schloss, die Frauenkirche, die Kunsthochschule. Noch weiter das Elbtal hoch buckeln sich die Berge der Sächsischen Schweiz wie Maulwurfshügel aus der Ebene.

Die Bundesstraße 170 wäre ein Weg, den Freiblick zu erreichen, aber viel schöner läuft es sich durch den Eutschützer Grund zum Ziel. Vor allem, weil der Wanderer oben belohnt wird. Wer rustikale Küche mit deftigen Speisen und ein kräftiges Bier mag, muss in der Eutschützer Mühle rasten. In dem Ort siedelten schon im 13. Jahrhundert Menschen. Es waren Bauern. Der alte Name Eutschicz deutet darauf hin, er ist altsorbischen Ursprungs und meint den Ort, wo Schafe gehalten wurden. Gut vorstellbar, wie hier vor reichlich 800 Jahren Wiesen üppig wuchsen. Der Nöthnitzbach lieferte reichlich Wasser. Bereits Mitte des 15. Jahrhunderts soll hier die erste Mühle in Betrieb gewesen sein. Als um 1600 die Landvermesser kamen, existierte sie nicht mehr. Ein Brand hatte all ihre Spuren vernichtet.

Doch der Ort war zu schön, um ihn unbebaut zu lassen. Die Mauern der heutigen Mühle stammen wohl aus einem Jahr um 1710. Hier pressten die Mühlsteine Öl aus den Pflanzen, und nebenbei verkaufte der Müller Speisen und Getränke. Ab 1848, so vermerkt das Grundbuch, durften hier auch Gäste beherbergt und an Feiertagen zu Musik getanzt werden. Das sprach sich herum, die Dresdner empfahlen sich die Mühle als schönen Ausflugsort. So blieb es bis in die 1950er-Jahre. Dann übernahm die HO den Laden, zwischenzeitlich wandelte sich das Haus zum Kindergarten, war Jugendtanzgaststätte; 1981 musste es wegen baulicher Schäden schließen. 1985 konnte man wieder öffnen, und im Jahr 1990 kam die ganz große Freiheit. Die Mühle sollte als Gaststätte und Diskothek »Dancing in the Universum« groß rauskommen. Wie so oft in solchen Fällen folgte schnell die harte Landung. 1992 schloss die Mühle erneut. Familie Mittag übernahm 1993 die Gastwirtschaft, baute den Biergarten wieder auf, sanierte Saal, Gastraum, Kellerbar und acht Zimmer zum Übernachten. Ein herrlicher Ausflugsort samt Weitblick.

Bannewitz

Eutschützer Mühle | Michael Mittag
Mühlenweg 2 | 01728 Bannewitz | Telefon 0351 405020
www.eutschuetzer-muehle.de

Ökumene unter einem Dach

Bautzen hat eine von 50 Simultankirchen in Deutschland. In dem Kirchenschiff beten Katholiken und Protestanten unter einem Dach.

5

Der Bautzener Dom St. Petri hat nicht nur einen Knick, sondern auch einen Trick. Manchmal gehen dort Wurst, Käse und ein Kasten Bier in die Luft. Meter um Meter schweben dann die Lebensmittel nach oben. Jede Familie unternimmt mindestens einmal in der Woche einen Einkauf. Nur hier entschwindet das Essen himmelwärts und wird dann durch ein Fenster in luftiger Höhe in die Küche gehievt.

Doch wer im Turm wohnt, der sollte nichts vergessen. Für eine Tüte Zucker oder eine Dauerwurst rennt keiner gern im Dauerlauf 83 Meter runter und wieder hoch. Dort oben gibt es nämlich auch keine Dusche. Dennoch wohnen da Menschen, Türmer. Sie bewachen den Turm, sie bedienen die Glocken, sie erzählen den Besuchern die Geschichten des Gotteshauses, in dem sie leben. Ungefährlich ist das nicht. 1712 stürzte die Tochter des damaligen Türmers in die Tiefe.

Unter den Türmern spielt sich aber noch mehr Ungewöhnliches ab. In dem göttlichen Schiff vermischen sich die Religionen. Rufen Kirchenkritiker nach Ökumene, wird sie hinter diesen Mauern seit Jahrhunderten vollzogen. Der Petridom ist die älteste von 64 Simultankirchen in Deutschland. Katholiken und Protestanten beten unter einem Dach. Der Chor gehört den einen, das Langhaus den anderen. Sie trennt ein kleiner Zaun. Nach der Reformation war das noch ein riesiges Gitter. Es sollte nicht zusammenkommen, was sich gerade getrennt hatte. Obwohl es doch für beide nur den einen Gott gibt. Aber seine Stellvertreter auf Erden dachten mehr an sich als an die Religion. Während des Böhmischen Aufstandes wurden die Katholiken sogar einmal ganz aus dem Dom vertrieben. Indes passte das nicht ins Bild eines kollektiv genutzten Gotteshauses, in dem sich die Gemeinsamkeit schon bewährt hatte. Also durften sie wieder einziehen.

Jede Seite besitzt ihre Orgel, manchmal treten die beiden auch in Wettstreit. Ein Duett ist auch ganz nett. Wenn die Bautzener den Dom orgeln hören, dann wissen sie, es wird schlechtes Wetter. Die Türmer bekommen das auch zu hören, denn bei starkem Wind heult der Turm durch die ganze Stadt.

Bleibt nur noch die Frage nach dem Knick. Die Architekten des Hauses mussten sich dem Grundstück anpassen, also verpassten sie der Achse einen Knick. Eigentlich sollte noch ein zweiter Turm an das doppelt religiöse Gotteshaus. Wäre ja nur gerecht. Dann könnten die Türmer noch ihre Wäsche zwischen den Spitzen aufhängen. Aber so weit geht Simultanreligion dann wohl doch nicht.

Bautzen

Evangelisch-Lutherische Kirchgemeinde St. Petri Bautzen
Am Stadtwall 12 | 02625 Bautzen | Telefon 03591 369710
www.st-petri-bautzen.de

Auf den Spuren der Sorben

Bautzen zeigt im Sorbischen Museum die Geschichte des slawischen Stammes, der sich in der ersten Hälfte des 6. Jahrhunderts an der Elbe ansiedelte.

6

Sachsen kommen aus dem Westen. Sie waren ein kämpferischer Stamm mit einem Schwert, dem Sax, und zogen durch das Land, ohne so recht zu wissen, wo sie hingehörten. Sie erlebten viele Niederlagen, sahen oft alt aus, deshalb heißt die Gegend wissenschaftlich exakt Altsachsen und heute Niedersachsen. Aber da ist wenig los. Also ging ein Teil des Stammes nach Osten. Dort gefiel es den meisten, und da blieben sie. Kürzer ist die Wanderung der Sachsen in ihre Heimat nicht zu beschreiben. Und vor allem gehört das in die Abteilung Heiteres.

Denn die heutigen Sachsen lebten in der meißnisch-osterländischen Gegend, in der seit dem Mittelalter die Wettiner regierten. Nur ein wichtiges Detail fehlt noch. In jenem Land, das heute noch immer Sachsen heißt, siedelten bereits Menschen. Und das gehört zum ernsten Teil der Geschichte.

Denn diese Slawen wurden wie Sklaven behandelt und aus ihren Siedlungsgebieten vertrieben. Da kommt wieder einer mit dem Namen Sachsen ins Spiel, Heinrich I., Herzog von Sachsen, der 929 nach einem neunjährigen Waffenstillstand mit den Ungarn seine Macht an der Ostgrenze seines Reiches ausdehnen wollte und einen groß angelegten Feldzug gegen die slawischen Stämme östlich der Elbe organisierte. Viele blieben nicht übrig.

Nur die Sorben widerstanden. Ihre Geschichte reicht mindestens 1400 Jahre zurück. Auch sie kamen einst in dieses Land. In der ersten Hälfte des 6. Jahrhunderts verließen ihre Vorfahren ihre Wohngebiete nördlich der Karpaten zwischen Oder und Dnjepr und zogen über Schlesien und Böhmen nach Westen, wo sie das Gebiet zwischen dem Oberlauf der Neiße in Nordböhmen und dem Flussgebiet der Saale mit dem sächsischen Vorland des Erzgebirges und dem Fläming besiedelten. Hier lebte kaum noch jemand, die germanischen Völkerschaften waren abgezogen. Die Sorben richteten es sich gemütlich ein, waren stets darauf bedacht, ihre Traditionen zu wahren, und legten Wert darauf, etwas Besonderes zu sein.

Ja, das sind sie. Und wer genau erfahren möchte, warum das so ist, sollte das sorbische Museum auf der Ortenburg in Bautzen besuchen. Das befindet sich im einstigen Salzmagazin, 1782 errichtet und 1869 in seine heutige Form umgebaut. Es war Gerichtsgebäude, Sitz der Gestapo und zu DDR-Zeiten Wohnhaus. 2003 erhielten hier die Sorben ein eigenes repräsentatives Gebäude, um ihre Geschichte erzählen zu können. Und das schaffen sie, ganz ernst und manchmal auch heiter.

< 22 | 23 >

Bautzen

Sorbisches Museum | Ortenburg 3–5 | 02625 Bautzen
Serbski muzej | Hród 3–5 | 02625 Budyšin
Telefon 03591 2708700 | www.museum.sorben.com

Alles in Butter
auf dem Butterberg

Am Stadtrand von
Bischofswerda befindet
sich der Butterberg mit
Abenteuerspielplatz und
Restaurant.

Es ist dieser Berg, den wir vor uns sehen. Weiß, groß und voller Kalorien – der Butterberg. In den 1970er-Jahren gehörte dieses Phänomen der Überproduktion zu den Eigenheiten europäischer Förderpolitik. Um Preise zu steuern, kaufte der Staat, was der Verbraucher nicht kriegen sollte: 194 000 Tonnen Magermilchpulver, 223 000 Tonnen Butter lagerten 2003 in den Frostfächern der EU. Am Stadtrand von Bischofswerda kann man ihn sich betrachten – den Butterberg. 385 Meter hoch. Eine Kuppe mit Sahnehäubchen. So muss er wohl aussehen, der europäische Hügel des Subventionsirrsinns. Doch es ist nur der Name, der den sächsischen mit dem europäischen Gipfel vereint. Über den Dächern der Lausitz zwischen Burkau und Rammenau bekommt der Ausflügler zwar ein gutes Butterbrot, aber kein schlechtes Gewissen.

Nur wenn er per pedes, mit dem Auto, auf dem Fahrrad oder dem Pferd oben anlangt, stellt sich plötzlich die Frage, ob nicht doch die EU ihre Finger im Spiel hat. Denn ein gelbes Schild mit schwarzem Rand warnt vor Affen. In einer Bananenrepublik scheint alles möglich zu sein. Zum Glück handelt es sich um einen gelungenen Gag, denn auf dem Butterberg gibt es neben dem Ausflugsrestaurant einen Streichelzoo, eine Vogelvoliere und einen Abenteuerspielplatz. Da kann man seinem Affen schon mal Zucker geben.

Den Namen bekam der Berg im Bischofswerdaer Ortsteil Schönbrunn übrigens nicht von der EU verpasst, sondern der ist viel älter. Als hier noch die Slawen siedelten, nannten die ihn Lutrow nach dem sorbischen Sonnengott. Wer die Sachsen kennt, der weiß, dass sie Buchstaben gern abschleifen, und so wurde aus dem Lutrowberg der Butterberg. Es kann aber auch sein, dass er wirklich von der echten Butter stammt. Denn der Legende nach sollen in den Zeiten der Pest fast 600 der 1000 Einwohner an der Krankheit gestorben sein. Die Überlebenden mussten versorgt werden, aber keiner wollte mit ihnen in Kontakt treten, um sich nicht anzustecken. Also schaffte man die Lebensmittel auf den Berg, dort holten sich die Pestbedrohten Butter, Brot und Milch ab und warfen das Geld in Fässer. Jetzt wird man hier vom Wandern gesund, kann auf dem Gipfel oder in der nahe gelegenen Jägerhütte einkehren. Ein schönes Ziel voll spannender Geschichte und schmeckender Gerichte. Der EU-Butterberg war übrigens 2007 aufgebraucht, denn viele der Subventionen waren gestrichen und die Weltbevölkerung enorm gewachsen.

< 24 | 25 >

Bischofswerda

Butterberg | Klengelweg
01877 Bischofswerda | Telefon 03594 703034
www.butterberg.com

Auf der Jagd zwischen den hohen Brücken

Gleich hinter **Bonnewitz** liegen im Wald die Hohen Brücken, die einst der Adel anlegen ließ, um besser jagen zu können.

8

Manchmal muss es kein großer Ausflug sein. Es reicht eine kurze Strecke gleich hinter die Stadt, aber von der soll nichts mehr zu sehen sein. Bonnewitz liegt genau an diesem Wunschplatz. Wald, Wiesen, Täler, Höhen, irgendwie ganz weit weg und doch nah. Ein Versteck für Wanderer aus der City. In Bonnewitz ist alles irgendwie dazwischen. Hier treffen sich Landschaften; östlich enden die Ausläufer der Sächsischen Schweiz, südlich beginnt der Elbtalkessel, westlich das Lausitzer Bergland, und nördlich steigen die Elbhänge auf das Hochland. Eine dicht bewaldete Stufe, die die Natur hier ins Gelände schlug. Ebene und Kessel, Hügel und Kerben begegnen sich auf kleinstem Raum. Von allem gibt es etwas, aber nie genug. Es existiert nur ein Anfang oder ein Ende. Wege schlängeln sich durch die Gegend, zu Fuß oder mit dem Fahrrad lässt sich dieser Zwischenort erkunden. Und natürlich wurde an dieser Stelle auch schon immer gejagt. Eine komfortable Angelegenheit, so nah und doch weit weg.

Die sächsischen Kurfürsten wussten von diesem Gebiet, das wie auf einem Tablett Tiere servierte. Und um diesen Zustand noch zu verbessern, um schnell über die Kerben, die Tälchen, zu kommen, ließen die adligen Jäger sich Brücken bauen, die sogenannten Hohen Brücken. Ein Hochstand für den Hochadel. Sie schlugen einen Weg zwischen Pillnitz und Lohmen. Nie verweilten die Jäger länger, sondern nahmen die schnellen Wege, die sie gut verbargen, und unten graste das Vieh, das für sie zur Jagdtrophäe wurde. Noch heute stehen die Brücken, die unwirklich wirken. Vielleicht stolpern auch Elfen darüber, um ihre Quartiere für den Tag zu suchen. Oder es kommt der alte Pan vorbei, jener Herr, der dem Ort seinen Namen gab. Denn Bonnewitz, übrigens genau wie Bannewitz, heißt nichts mehr als Siedlung jenes Herrn mit dem Namen Pan.

Bonnewitz liegt dazwischen, hier geht kein Weg los und kommt keiner an, hier geht es nur durch. Der Wanderer kann sich entscheiden, ob er zum Schönfelder Hochland aufsteigt, die Strecke zum Liebetaler Grund nimmt, nach Graupa schlendert oder im Kreis läuft. Alles tut gut. Das ist heilsam. Deshalb suchte die Wohlfahrtspflegerin Annemarie Spitzner diesen Ort auf und betrieb in der Villa Waldweben ab 1934 ihre heilpädagogische Anstalt. Die Nazis nahmen sie fest, deportierten sie in das KZ Sachsenhausen, lösten ihre Schule auf. Heute existiert die Heilanstalt wieder.

< 26 | 27 >

Bonnewitz

Hohe Brücken Bonnewitz | TouristService im Canaletto-Haus
Am Markt 7 | 01796 Pirna | Telefon 03501 556447
www.tourismus.pirna.de

Der Geheimtreff der Sozialdemokraten

Die Meixmühle unweit von **Borsberg** empfängt seit über 600 Jahren ihre Gäste. Zu DDR-Zeiten befand sich hier ein Ferienheim der Deutschen Reichsbahn.

9

Auf den Höhen von Dresden sammeln sich die Dörfer. So schnell kommt sonst keiner aus der Stadt aufs Land. Der Friedrichsgrund unweit von Pillnitz gehört zu jenen Wegen, die plötzlich in einen dichten Mischwald führen. Über kleinen Bächen lagern Brücken, zwischen Bäumen schauen Gemäuer hervor, künstliche Ruinen und Wasserfälle. Es könnte natürlicher nicht sein und ist doch ein Kunstwerk.

Friedrich August III. entdeckte eines Tages den Meixbach samt Grund und ließ den für gelegentliche Spaziergänge um 1780 romantisch aufpolieren. Hübsche Bauwerke sollten den Reiz der Natur verstärken. Auf Stühlen saß dann die Hofgesellschaft und ließ sich von der Kühle erfrischen. Wer Durst und Hunger verspürte, spazierte aufwärts oder ließ sich zum nächstgelegenen Gasthof tragen. Am oberen Ende des Meixgrundes, der nach der königlichen Umgestaltung den Namen Friedrichsgrund bekam, steht die Meixmühle. Und das seit über 600 Jahren.

Wer bis hierher gelangt, darf sich glücklich schätzen. Die Stille überwältigt. Das ist ein Rückzugsort. Hier fanden schon geheime Sitzungen statt, von denen eine politische Berühmtheit erlangte. August Bebel hielt 1886 im alten Hauptgebäude der Mühle eine sozialdemokratische Konferenz ab, die sich vor der Bismarckschen Polizei versteckte und sich dem Sozialistengesetz widersetzte. Da hatte die SPD noch Kreuz und leckte nicht opportunistisch Lobbyisten die Schweißfüße.

Nach 1950 mietete sich die Arbeiterklasse der Reichsbahn hier im Urlaub ein. Dresdner hätten die Mühle fast vergessen, denn Ferienheime liebten keine Gäste, die einfach mal vorbeikamen, um in einem Restaurant die Füße unter den Tisch zu strecken. Hier gab es feste Essenszeiten für die Reichsbahner. Mehr war nicht drin. Einziger Vorteil: Das altertümliche Anwesen überstand den Sozialismus, denn die Bahn erhielt es, so gut sie konnte. Konservierte Zukunft. Jetzt muss sich der Pächter wieder strecken, damit Gäste kommen, die die Königsberger Klopse, den Kochfisch oder die Schweinsleber vertilgen. Immerhin kostet das Tagesangebot nur 5,80 Euro. Ein wirklich faires Angebot für all jene, die mit Wanderstiefeln aus dem Grund kommen, um hier zu rasten, bevor sie auf den Borsberg und den Triebenberg laufen. Der ist der höchste Dresdner Berg, mit einer Aussicht in die Sächsische Schweiz und ins Elbtal. Der Höhenzug des Schönfelder Hochlandes führt von dort entweder nach Schullwitz oder nach Reitzendorf mit Bauernmuseum. Schließlich ist hier die Dresdner Umgebung ganz Dorf.

Borsberg

Landgasthof Meixmühle
Meixstr. 64 | 01328 Dresden | Telefon 0351 2679687
http://www.landgasthof-meixmuehle.de

Das Gelbe vom Köstlichen

In **Borthen** blühen im Frühjahr die Apfelbäume. Seit 1975 feiern die Obstbauern das Blütenfest und krönen die Blütenkönigin.

10

Er hieß Gelber Köstlicher und geriet als Arbeiter-und-Bauern-Obst zu einem Symbol der DDR. Tonnenweise kam der Apfel vom Acker der volkseigenen Plantagen, denn der Mangel an Südfrüchten sollte in der Republik mit Ostfrüchten aus eigener Produktion behoben werden. Dazu diente Malus Domestica, dem gelegentlich angedichtet wurde, er schmecke sogar nach Bananen. Banane!

Die (K)östlichkeit ist zudem nicht mal auf dem eigenen Mist gewachsen, sondern eine Züchtung des damaligen Klassenfeindes. Der Baum kommt ursprünglich aus den USA. Da er klein wuchs, sehr robust dem mitteldeutschen Klima widerstand und verlässlich Früchte trug, passte er perfekt in die Massenobsthaltung, ideal für die Versorgung der vitaminhungrigen Bevölkerung. Frisch vom Baum schmeckte er tatsächlich, aber da er tausendfach in Kisten lagerte, die kühl gestapelt und mit einem extra Gas für lange Haltbarkeit versorgt wurden, verlor der Köstliche seine Frische und geriet zum gelben Würger. Eines jedoch geriet immer zum Schwärmen schön: seine Blüten. Und die werden bis heute gefeiert.

1975 organisierten die Ostbauern im Mai das erste Borthener Blütenfest. Tausende strömten, 1990 sollen es 75000 Menschen gewesen sein, die die blühenden Landschaften feierten. Als die Arbeiterklasse sich endgültig von ihrer Diktatur befreit hatte, begann sie auch Königinnen zu wählen, egal, ob im Wein- oder Apfelland, jeder kürte seine Majestät. Die Blütenqueen, sie lebe hoch.

Auch wenn der Gelbe plötzlich Golden Delicious heißen sollte, so wie einst sein amerikanischer Stammvater, blieb er, was er immer war, ein Apfel. Und zwischen all den Sorten, die inzwischen auf privaten Feldern reifen, macht er eine gute Figur. Es war nicht alles schlecht. Der Ort Borthen sowieso niemals, auch wenn er inzwischen eingemeindet wurde. Einst stand hier ein altes Rittergut, später kam der Obstanbau hinzu. Kurz nach Dresden wechselt die Stadt in Dorf, getrennt durch Zäune, Zäune, Zäune, hinter denen die Äpfel reifen und im Herbst gepflückt werden. Hier wächst das Gold an Bäumen, ein fruchtbarer Landstrich über dem Lockwitz- und Müglitztal. Sonnenlandschaft, die durchwandert werden kann. Die alten Gutshöfe am Wege sind sehenswert, und wer stehen bleibt, blickt weit nach Dresden oder bis in die Sächsische Schweiz. Herrlich, sich im Frühling auf Wiesen zu setzen und der Bestäubung zuzusehen und dem Gegenüber zu erklären, wie es die Bienen treiben und was der Wind weiß. Köstlich!

< 30 | 31 >

Borthen

Blütenfestverein Borthen Röhrsdorf e. V.
Hauptstraße 24 | 01809 Dohna OT Röhrsdorf | Telefon 0351 2816556
www.bluetenfestverein.de

Der Schatz
im Arbeiterviertel

Der Kunstsammler Alfred
Gunzenhauser bekam in
Chemnitz ein eigenes
Haus, um seine Bilder
ausstellen zu können.

Klarheit dominiert die Linien dieses Hauses. Neue Sachlichkeit, sagen die Architekturkritiker und meinen, dass Etagen übereinandergestapelt sind wie Lagerkisten. Das Projekt zirkelte der Chemnitzer Architekt Fred Otto 1928 auf sein Reißbrett. Die Sparkasse benötigte damals ein Haus, das sich nicht über ihre Verhältnisse schmückte, sondern Balance zwischen Soll und Haben signalisierte. Kühl kalkulierte Funktion. Es war eines der ersten Hochhäuser der Stadt. Es schwimmt wie ein Containerschiff neben der Straße, doch der helle, beigefarbene Travertin an der Fassade bringt Anmut in die klare Symmetrie.

Dieses Haus überzeugte einen Mann, der sein Leben lang Bilder expressionistischer Maler sammelte, darunter berühmte Namen wie Beckmann, Heckel, Corinth, Feininger, Jawlensky, Schmidt-Rottluff, Nay und Dix. Es ist die millionenteure Kollektion des Münchner Galeristen Alfred Gunzenhauser, der sich in ganz Deutschland umsah, wo er seine 2400 Werke von 270 Künstlern ausstellen könnte. Nicht Leipzig, nicht Dresden, auch nicht München oder Murnau überzeugten den leidenschaftlichen Sammler, sondern die alte Industriestadt Chemnitz. Letztlich entschied sich Gunzenhauser wegen des Gebäudes, das die Stadt mit Millionenaufwand sanierte. Die Künstler mögen alle berühmt sein, die einzelnen Werke waren es bis zur Eröffnung der Ausstellung im Jahr 2007 noch nicht.

Dieses Haus überzeugte zusätzlich eine Frau, die wie der Sammler ursprünglich aus Schwaben kommt. Die Dame heißt Ingrid Mössinger, arbeitet seit 1996 in Chemnitz, und die meisten beschreiben zuerst ihre äußere Erscheinung. Ihre Garderobe und ihre geometrische Frisur sitzen stets tadellos. Zurückhaltend und ohne große Gestik spricht die Direktorin der Kunstsammlungen Chemnitz über sich und ihre Arbeit für die Stadt. Einen Ritter der französischen Ehrenlegion, eine Trägerin des Bundesverdienstkreuzes stellt man sich irgendwie imposanter vor. Das gehört zur Strategie der Kunsthistorikerin, sie möchte durchaus unterschätzt werden in einer Welt, in der Plappern zum Handwerk gehört. Sie spart sich die Kraft für gezielte Aktionen. Ihr Meisterstück vollbrachte sie mit ebenjenem Landsmann Gunzenhauser, der samt seiner Sammlung auch 290 Werke von Otto Dix in Chemnitz beheimatete, das jetzt mit der »weltweit größten musealen Sammlung« von Arbeiten des Künstlers werben kann. Das tut Chemnitz gut, trägt es doch nach wie vor das Image eines Arbeiterviertels. Doch das täuscht.

< 32 | 33 >

Chemnitz

Museum Gunzenhauser
Stollberger Str. 2 | 09119 Chemnitz | Telefon 0371 4887024
www.kunstsammlungen-chemnitz.de

Camping auf dem Trabidach

Das Industriemuseum in **Chemnitz** erzählt anschaulich sächsische Industriegeschichte vom Maschinen- bis zum Fahrzeugbau.

Wer weiß, dass in Sachsen vor 1945 zwei Drittel aller Beschäftigten in Industrie und Handwerk ihre Arbeit fanden, mehr als in jedem anderen Gebiet Deutschlands? Mehr als im Ruhrgebiet, mehr als in Berlin. Wer weiß, dass das Rheinland und Westfalen vor 1945 nur 25 Prozent der deutschen Produktionskraft stellten? In Sachsen gab es den Maschinenbau, die Chemie- und Textilindustrie, den Fahrzeugbau. Es gab eine entwickelte Handwerkskultur, die teilweise bis heute funktioniert. Musikinstrumente, Optik, Porzellan. Sachsen bauten Werkzeugmaschinen, weil sie Werkzeuge brauchten, zum Beispiel für die Textilindustrie. Denn in Sachsen erfand man keine Panzer, sondern Feinstrumpfhosen. Ende des 19. Jahrhunderts kamen 90 Prozent aller Strümpfe dieser Welt aus Sachsen, genauer aus Chemnitz und Umgebung. Die Feinstrumpfwirker aus dem Erzgebirge haben das Bild des Sachsen geformt: Er ist fleißig und bescheiden, ja ein wenig geizig.

Wer die Geschichte des fleißigen Sachsen kennenlernen will, fährt nach Chemnitz. In einer großen, perfekt renovierten alten Werkhalle stehen historische Maschinen, feine Webstühle. Klack, klack, klack. Sie weben und weben. Die Spulen surren. Früher im Akkord, heute für die große Schau. In der Ausstellung stehen Deutsche Kleinkraftwagen, der DKW, den die Sachsen erfanden, weil sie mit den teuren Schlitten nichts anfangen konnten. Und weil auch der Stahl eine Menge Geld kostete, bauten die Sachsen Autos aus Pappe. P 70 hieß der erste, der im Industriemuseum ebenfalls bewundert werden darf. Das Backsteingebäude ist eine Ruhmeshalle des sächsischen Wirtschaftserfolges vom Ende des 18. Jahrhunderts bis heute. Flugmotoren, Drehbänke, Motorräder und Autos. Der Trabant aus Zwickau mit Zelt auf dem Dachgepäckträger steht wie ein Denkmal sächsischen Erfindergeistes in der Halle. Keiner sonst auf der Welt kam auf die Idee, seinen Schlafplatz auf ein Autodach zu verlegen.

Radeberger Pilsner, Meissener Porzellan, Mikroelektronik und DDR-Konsumgesellschaft zeigen sich. Die freie Wirtschaft erklärt freizügig ihre Entwicklung bis zur Enteignung in die Planwirtschaft und Reprivatisierung. Das ist ein Rundgang zwischen Erfindungen, Aufschwung, Niedergang und erhofften blühenden Landschaften. Der fischelante Sachse präsentiert anschaulich seinen Elan, seinen Erfindergeist und Willen, nie unterzugehen. Das lohnt sich, denn wer weiß schon, dass auch das Ampelmännchen die Erfindung eines Sachsen ist.

< 34 | 35 >

Chemnitz

Industriemuseum Chemnitz
Zwickauer Straße 119 | 09112 Chemnitz | Telefon 0371 3676140
www.saechsisches-industriemuseum.de

Die alte neue
Schädeldialektik

Chemnitz feiert nach wie vor Karl Marx. Der Nischel auf der Brückenstraße gehört zur größten Attraktion der Stadt.

13

Kopf ab. Während einer Revolution ist Rücksicht nicht vorgesehen. Selbst nicht, wenn es eine friedliche ist. Und einen historischen Augenblick lang mag das richtig sein. So war es auch 1990. Nach dem ersten Durchatmen jedoch wurde die Methode »Kohlköpfe köpfen Betonköpfe« zur Prinzipienreiterei. Alles einen Kopf kürzer machen, was nach Vergangenheit riecht, zeigt nur die Unsicherheit des vermeintlichen Siegers. Der Klügere weiß, dass nicht alle anderen dumm sind.

Für und Wider begreifen und abwägen heißt, dialektisch denken. Ein Sinnbild für feines Denken ist der 40-Tonnen-Marx-Kopf in Chemnitz freilich nicht. Der böse Blick des Philosophen lässt vielmehr ahnen, dass da schon immer was nicht stimmte. Mit der Stadt, in der seit 1971 sein Nischel 7,10 Meter über die Bordsteinkante ragt, hatte der gebürtige Trierer nie etwas zu schaffen. Hier schaffte nur das Proletariat, das er aufgefordert hatte, sich zu vereinigen. Und das reichte den SED-Funktionären, ihren Vordenker denkbar profan propagandistisch zu instrumentalisieren. Lew Kerbel hieß der Bildhauer, der Lenin-, Marx- und Thälmann-Monumente im Akkord schuf. Sie sahen sich alle ähnlich, das schien egal, denn Gleichmacherei gehörte zum neuen Menschenbild. Marx wäre es jedoch vermutlich zuwider gewesen, als riesiger Hohlkopf überzeugen zu müssen.

Die Chemnitzer sahen dagegen zu DDR-Zeiten schnell, dass der arme Kerl da auf dem Sockel so sauer dreinblickte, weil er nicht in den Intershop gehen konnte, der gegenüber für Forumscheckbesitzer offenstand. Er war ja festgemauert, der Nischl, wie alles, was weiterwollte.

Als Chemnitz wieder Chemnitz hieß, war das Marx-Monument plötzlich Symbol eines untergegangenen Landes, an das sich die Kinder der Revolution irgendwann wieder erinnern wollten. Wie sah es aus damals, als Frauen und Männer meinten, sie könnten die Welt nicht nur interpretieren, sondern verändern? Und als klar wurde, dass der Kapitalismus nicht das Schlaraffenland war, das in der Rudi-Carrell-Show permanente Gewinne versprach, sondern in Krisen gerät, da bekam dieser Karl Marx wieder ein anderes Gesicht. Er hatte es vorausgesagt, aber keiner hatte mehr auf ihn hören wollen. Jetzt steht er da, frisch saniert. Und neben allen Prophezeiungen ist er auch noch eine touristische Attraktion. Gut, dass der Kopf dranblieb. Manchmal braucht Erkenntnis eben ihre Zeit. Aber auch das hat Marx schon gewusst.

< 36 | 37 >

Chemnitz

Karl-Marx-Büste
Brückenstraße | 09107 Chemnitz
www.chemnitz.de

Die Leichtigkeit des Steins

14

Das Kaufhaus Schocken in **Chemnitz** wird zum neuen sächsischen Museum für Archäologie. Das Gebäude aus dem Jahr 1930 wurde entworfen vom Architekten Erich Mendelsohn.

Dieses Haus besitzt Schwung. Es zieht eine kühne Kurve mitten in der Stadt. Ein Sinnbild expressiver Moderne, aber fast vergessen irgendwo zwischen Arisierung und sozialistischem Realismus. Der Architekt des Hauses, Erich Mendelsohn, arbeitete in den 1920er- und 30er-Jahren als einer der eigenwilligsten und erfolgreichsten Architekten Europas. Doch die Bomben des Krieges, hektischer Wohlstandsaufschwung auf der einen Seite Deutschlands und HO-Kaufhaus-Einerlei auf der anderen verwischten seine Spuren. Aber zum Glück nicht völlig.

Das Kaufhaus Schocken in Chemnitz ist neben dem Einstein-Turm in Potsdam einer der letzten Überlebenden des Schaffens Mendelsohns. In den vergangenen Jahren schälten Architekten aus einem Überbau die einst projektierte kreissegmentale Bänderfassade heraus. Die schwingt sich nun wieder im Wechsel von verputzt liegenden Mauerstreifen und kristallin klaren Fensterfriesen schwerelos neun Etagen hinauf und wird von einem Baldachin bekrönt. Der scheint gegen den Himmel zu fliegen. Es ist die Leichtigkeit des Steins.

Es stammt aus dem Jahr 1930, erbaut als Kaufhaus der Gebrüder Schocken. Innerhalb zweier Jahrzehnte wuchs das Unternehmen der jüdischen Geschäftsleute nach der Gründung 1901 zum viertgrößten Kaufhauskonzern Deutschlands. Sie ließen in Städten unter 50 000 Einwohnern Kaufhäuser errichten und expandierten in den Zwanzigerjahren nach Regensburg, Nürnberg, Stuttgart, Pforzheim. In Chemnitz setzten sie ein besonders wichtiges Zeichen: Der Warentempel stellt den Höhepunkt des architektonischen Wirkens Mendelsohns dar. Er entwickelte sich zum Vorbild für viele Büro- und Geschäftsbauten in ganz Europa.

Die Nazis arisierten 1938 den Bau zum Kaufhaus »Merkur«. Doch die Hülle überstand das Dritte Reich. In der DDR diente sie als Centrum-Warenhaus, bekam nach der friedlichen Revolution mit dem Kaufhof-Imperium einen neuen Besitzer – der kein Interesse an der historischen Bedeutung des Hauses zeigte. Jahrelang sah die Zukunft wenig verheißungsvoll aus, bis die Stadt Chemnitz und der Freistaat Sachsen beschlossen, hier das sächsische »Haus der Archäologie« einzurichten. 28 Millionen Euro kostete die Sanierung. Jetzt wirkt das Haus wieder original und krönt das Stadtbild. Im Frühjahr 2014 öffnet das Museum, das sich auf Spurensuche in der Landesgeschichte Sachsens begibt. Diese Idee war die Rettung für ein grandioses Zeugnis der Mendelsohn-Architektur .

< 38 | 39 >

Chemnitz

Kaufhaus Schocken | Staatliches Museum für Archäologie Chemnitz
Stefan-Heym-Platz 1 | 09111 Chemnitz | Telefon 0371 91199900
www.lfa.sachsen.de

Einfach mal blaumachen

In **Coswig** bei Radebeul befindet sich eine der letzten Blaudruckereien Sachsens. Hier können Besucher das Handwerk erleben und begreifen lernen.

15

Blau wird geliebt. Blau heißt Ferne, Wasser, Himmel, Unendlichkeit, Sehnsucht, aber auch Verlässlichkeit und Vertrauen. Natürlich kann jeder blaumachen oder es sein. Diese Zustände haben etwas Entspannendes, auch wenn nachträglich vielleicht ein Kater kommt.

Mit Blau verbindet sich ein Hauch von Luxus. Wer es trägt, wirkt gefestigt, als könnten ihm die Stürme des Lebens nichts mehr anhaben. Da mutet es merkwürdig an, dass Blaudruck zur Volkskunst gehört. In Bauernhöfen, egal, ob in Bayern oder Sachsen, hängen Gardinen vor den Fenstern, stapeln sich Kissen auf Bänken oder liegen Decken in Blau mit weißen Mustern auf den Tischen. Seit über 300 Jahren wird in Deutschland die Tradition des Blaudrucks gepflegt und erlebt zurzeit eine Renaissance.

In Sachsen existieren nur noch zwei Blaudruckereien, eine in Pulsnitz, die andere in Coswig. Die betreibt Heidi Folprecht, und sie unternimmt gelegentlich Versuche, mit Neuem aus den alten Mustern auszubrechen. Die Adaption des Vorhandenen führt zu einer neuen Qualität. Dabei ist die alte nicht schlecht. Blaudruck bietet Langlebigkeit, denn die Stoffe, die in Indigo getränkt werden, bleichen kaum aus. Das Verfahren kommt ursprünglich aus Indien. Weiße Baumwoll- oder Leinenstoffe, Seide oder Samt werden bedruckt. So entstehen später die Muster. Die Druckstöcke oder auch Model wurden vorher geschnitten. Heidi Folprecht besitzt etwa 250 Stück davon. Ein Schatz aus 150 Jahren. Sie sammelte sie ein aus vielen Blaudruckereien, die es längst nicht mehr gibt, und zeigt Besuchern das Handwerk.

Die Druckfarbe heißt Papp, erklärt sie. Das ist eine Mischung aus Kupfersulfat, Gummiarabicum (Baumharz), Rüböl und Kaolin. Selbiges kommt übrigens aus genau dem Bergwerk, aus dem auch die Porzellanmanufaktur in Meißen ihren Rohstoff bezieht. Nachdem mit dem Papp die Muster auf die Stoffe gedruckt wurden, werden diese mit Indigo gefärbt. Der König der Farbstoffe ist rein pflanzlich. Das ist es, was den Blaudruck so wertvoll macht. Hier kommt keine Chemie zum Einsatz, sondern alles bleibt naturbelassen. Nach dem Färben wird der Papp ausgewaschen, und so kommen die weißen Muster zum Vorschein. In Coswig kann der Besucher zusehen und selbst Blau machen. Nach ein paar Minuten spürt er dabei, wie Ruhe einkehrt. Handwerk tut gut. Denn je unübersichtlicher die Welt wird, desto mehr sehnen sich Menschen nach dem, was sie kennen, was ihnen vertraut erscheint.

< 40 | 41 >

Coswig

Blaudruckerei Folprecht
Hohensteinstraße 82 | 01640 Coswig | Telefon 03523 72993
www.blaudruckerei-folprecht.de

Mit den Füßen am Himmel

*Am Rande der kleinen Gemeinde **Deutschbaselitz** erinnert ein Rundweg an die Heimat des Malers Georg Baselitz, der hier 1938 geboren wurde.*

16

Kein Mensch kann sich aussuchen, wo er geboren wird. Er kommt dort auf die Welt, wo die Mutter ihre Wehen erleidet. Frau Kern bekam sie am 23. Januar 1938 im ersten Stock eines Schulhauses in Deutschbaselitz. Ihr Mann arbeitete im Erdgeschoss als Lehrer, und den Sohn, den sie gebar, nannten die beiden Hans-Georg.

Mit seinen Geschwistern eroberte der Bursche die Umgebung des Dorfes, sie spielten am Sandteich, am Hügelgrab und auf den großen Wiesen. Manchmal stellte er sich in den Kopfstand und berührte mit den Füßen den Himmel. Ab und zu malte der Junge die Bäume, die Sträucher, die Teiche, die Brüder und die Schwester. Als der Krieg in den Ort kroch, verloren Soldaten Patronenhülsen, und die Kinder hatten keine Ahnung, dass die Munition kein Spielzeug war. Hans-Georg verletzte sich am Kopf. Ein Blödsinn, dass er lernen musste, was Waffen sind. 1949 zog die Familie nach Kamenz, aber der Junge wurde dieses Baselitz nie los. Es zerrte an ihm wie ein Hofhund an der Kette. Und als er 1961 während des Studiums aus Westberlin nicht mehr zurückkommen konnte, weil plötzlich die Mauer Deutschland trennte, da gab er sich den Namen seines Geburtsortes.

Georg Baselitz wurde mit seinen Bildern reich, so reich, dass im Frühjahr 2013 Steuerfahnder seine Villen und Ateliers durchsuchten. Skandale sind dem Maler nicht fremd. Er inszenierte schon am Beginn seiner Karriere einen, um sich Aufmerksamkeit zu verschaffen. Er ließ von einem Staatsanwalt die Bilder seiner Ausstellung beschlagnahmen. Irgendwann im Jahr 1969 reichte auch das nicht mehr. Da malte er wieder Bäume, einen ganzen Wald, und drehte ihn auf die Spitzen, um nicht wieder Kopfstand machen zu müssen. Seitdem stehen seine Bilder kopf, was seine Fans lieben und seine Feinde für Humbug halten.

In Deutschbaselitz sind inzwischen die Fenster im ersten Stock des Schulhauses gelb umrahmt. Da weiß gleich jeder, wo der große Sohn des Dorfes geboren wurde. Und all die Wege, die er ging, sind heute markiert. In der Dorfmitte hängt ein Quader, da steht was vom Leben des Hans-Georg Kern. Und neben dem Teich ragt ein Boot aus der Wiese, und irgendwo im Wald steht eine Wand mit Loch. Junge Künstler dachten sich diesen Baselitz-Rundweg aus und verblüffen so die Gäste. Das ist eine ausgezeichnete Idee und tatsächlich ein schöner Spaziergang um die Teiche, durch die Wiesen, an den Bäumen vorbei. Und wer Lust hat, der macht einen Kopfstand und berührt plötzlich mit den Füßen den Himmel.

< 42 | 43 >

Schabebaum und Weihnachtsbaude

17

Dippoldiswalde beherbergt ein einmaliges Museum, das das Handwerk des Gerbers nacherleben lässt. Im Dezember verwandelt sich das Haus in ein Weihnachtsrefugium.

Dippoldiswalde ist eine typische deutsche Kleinstadt. Marktplatz samt Brunnen, Rathaus und Sparkasse, Modelädchen, Handyshop, Optiker, Polizeistation und Dönerimbiss. Die kleine Kneipe ist nicht weit, der Fleischer und der Blumenladen gleich um die Ecke. Schön normal. Zwei Straßen weiter wirbt eine Fahrschule um Schüler, ein Getränkeshop um Trinker, ein Geschenkelädchen um Schenker, ein Sonnenstudio um heiße Typen. Alles ganz normal.

Doch am Ende der Kleinstadtnormalität erheben sich neben den Gassen ein Schloss mit Kunstsammlung, eine imposante Kirche und ein barockes Wohnhaus. Rotes Dach, grüne Fassaden, schön rekonstruiert mit sämtlichen originalen Einbauten eines Lohgerberhauses aus dem 18. Jahrhundert. Nicht normal, sondern einmalig in Europa. In dem Domizil des Gerbers befinden sich die Wasserwerkstatt, die Zurichtstube, der Trockenboden, ein Lederlager plus Gesellenstube.

Als Loh- oder Rotgerber zu arbeiten, war ein verdammt anstrengender Job. Das lernt der Besucher hier schnell. Die Fleischreste und Fette mussten auf dem Schabebaum vom Balg entfernt werden, dann wurde mit Kalk in einer Grube geäscht, um die restlichen Haare vom Balg zu lösen. Danach den Rest abschaben. Später die grünen Häute samt Lohe aus Eichen- oder Fichtenrinde und Galläpfeln zur Gerbung in die Lohgrube bringen. Gerben dauerte, manchmal sechs Monate, manchmal drei Jahre. Aber zwischendurch die Häute immer umschichten. Das Museum heilt schnell von dem Wunsch, das alte Handwerk wieder ausüben zu wollen. Denn allein um die Gerberlohe herzustellen, musste Eichenrinde zerschnitten und fein gemahlen werden. Der Gerbstoff Tannin ließ sich so freisetzen.

Die Rindshäute wandelten sich unter Strapazen zu kräftigem Leder für Schuhsohlen, Stiefel, Sättel oder Ranzen. Dauerware für die Ewigkeit. Nicht wie heute, wo Chips in Elektronikwaren deren Lebensdauer begrenzen. Das Gerbergewerbe schuf Vertrauen ins Handwerk. Dieses jedoch starb aus, weil Schnellverfahren die Gründlichkeit ersetzten. Das einzige Lohgerbermuseum Europas ehrt die Handarbeit am Leder. Es erzählt zudem Stadtgeschichte aus acht Jahrhunderten. Dippold hieß der Einsiedler, der damals im Wald lebte und die Stadt begründete. So die Legende. Und natürlich erzählt das Haus Geschichten aus dem Weihnachtsland Erzgebirge. In der Adventszeit verwandelt sich das Gebäude in eine Weihnachtskuschelbaude mit Freilandpyramide. Ganz schön viel Klischee, aber ganz normal.

Dippoldiswalde

Lohgerber-, Stadt- und Kreismuseum
Freiberger Str. 18 | 01744 Dippoldiswalde | Telefon 03504 612418
www.lohgerbermuseum.de

Sizilien kann gar nicht weit weg sein

Das Katharinen-Denkmal von Werner Rauschhardt auf dem Marktplatz in **Dohna**, der zweitältesten Stadt Sachsens.

Der Ort leidet. Er liegt wie eine traurige Insel im Bermudadreieck zwischen Autobahn, Landstraße und Zufahrt zum Gewerbegebiet. Doch wer sich bis zum Marktplatz durchkämpft, wird überrascht von einer leicht morbiden, aber wunderbar charmanten Kulisse. Auf dem Hochplateau über dem Müglitztal liegt die Kleinstadt wie einem Märchenbuch entnommen, dessen Seiten leicht brüchig sind. Hier atmet jedes Haus Geschichte, sind die Risse der Vergangenheit noch nicht blank geleckt wie in Dresden. Dohnas Zauber zeigt sich in seiner Zerbrechlichkeit.

Man mag nachträglich jeden ohrfeigen, der so rücksichtslos war, unterhalb der zweitältesten Stadt Sachsens Fabriken zu bauen, deren Ruinen bis heute das Müglitztal verschandeln. Der Wert von Dohna wurde offensichtlich verkannt. Die Gassen mit ihren an den Hang gepflanzten Häusern, die Kirche und die Burg gehören in ein Freilichtmuseum eines frühmittelalterlichen Stadtensembles, das es in dieser modellhaft-historischen Detailtreue kaum mehr gibt. Sie erinnern ein wenig an sizilianische Städte auf den dortigen Höhenzügen, vielleicht wie ein kleines Taormina, nur dass der Blick zum Meer fehlt. Die Siedlungen reichen bis in die Bronzezeit zurück. Historiker schreiben, die Burg Dohna sei vermutlich 960 im Auftrag des deutschen Kaisers Otto I. errichtet worden. Er war der Herzog von Sachsen. Der Handel auf der Salzstraße stand von hier oben unter Beobachtung. Was für grandiose Geschichten, die es zu erzählen gibt.

Die alte Burganlage, die 1402 zerstört wurde, war umschlossen von einer großen Mauer, unterbrochen von mindestens fünf Rundtürmen, von denen einer im 19. Jahrhundert von Dohnaern wieder errichtet wurde. Er steht auf dem Gipfel und davor die alte Burgschänke, in der im Frühjahr 2013 gewerkelt wurde, um sie wieder gangbar zu machen. Bis 1990 fanden hier Feiern und auch wilde Partys statt.

In der Marienkirche kann man danach Gott um Vergebung bitten oder einfach nur den spätgotischen Bau mit Freude betrachten. Denkbar ist, dass in Dohna einst die erste katholische Kirche Sachsens erbaut wurde. Auch das gehört zur Geschichte dieser Stadt, die längst noch nicht völlig erforscht ist.

Dohna war eine typische Ackerbürgerstadt mit allerhand Bauern und Handwerkern, die Fleischer gehörten zur größten Zunft. Deshalb setzten sie sich 1912 auf dem Marktplatz ein Denkmal samt Brunnen mit Rinderköpfen. Der Ort verblüfft. Er muss entdeckt werden. Es lohnt sich.

< 46 | 47 >

Dohna

Heimatmuseum Dohna
Am Markt 2 | 01809 Dohna | Telefon 03529 563634
www.stadt-dohna.de

Der Keil
des Anstoßes

19

Das Militärhistorische
Museum in der **Dresdner
Albertstadt** zeigt schon
äußerlich mit einem
Keil in der Fassade die
Schwierigkeit des Um-
gangs mit der Kriegs-
geschichte.

In der Dresdner Alberstadt übten die Sachsen im 18. Jahrhundert Aufrüstung. Da garnierten sie mit Backsteinen der Garnisonen Rückhalt. Ab 1773 entstand hier eine der größten deutschen Militäranlagen. Mittendrin das Arsenalgebäude für Geschütze, Hand- und Blankwaffen. Ein Depot der Totmacher, als Trutzburg inszeniert. Doch weil sich Armeen schon im Ersten Weltkrieg auf riesigen Schlachtfeldern museumsreif schlugen, kamen Restbestände in eine Ausstellung. Das Gebäude wurde Hülle für die Präsentation von erhofften Siegeszügen. Lange glaubten Generäle daran, sie würden den Fortschritt betreuen. Was für ein lächerlicher Gedanke. Ihre größten Expositionen sind Friedhöfe. Und weil schließlich jedem System der Irrtum unterläuft, mit Gewalt Durchsetzungsvermögen erringen zu wollen, zeigte sich auch die sogenannte Nationale Volksarmee in der DDR in dem Museum, das damals Armeemuseum hieß. Immerhin muss man der NVA zugutehalten, dass sie keine anderen Völker angriff und sich auch nicht in rohstoffreichen Ländern als Helfer aufspielte. Sie griff jedoch auf die Seelen ihren Soldaten zu, die wie Vieh in Zuchtboxen zu funktionieren hatten. Wer die Uniform verabscheute, wurde vom obersten Befehlsstand verabscheut. Das war ein Krieg nach innen, der damit endete, dass sich das Volk erhob.

Heute erzählt das Museum davon. Es gehört der Bundeswehr. Mit Vorurteilen beladen, dürfte man annehmen, dass da Kompanien von Eigenlob aufgestellt wären und die sozialistische Verteidigung degradiert wird. Irrtum. Der Keil, den der Architekt Libeskind in das Gebäude treiben durfte, ist Symbol der gebrochenen Historie eines Militärs, das sich selbst infrage stellt. Respekt. Hier trauen sich Geschichtsschreiber, nicht als Sieger Fakten blank zu putzen, sondern die Irrtümer und Niederlagen, die Sackgassen und Auswege zu beleuchten. Gewalt ist letztlich keine Lösung. Das in einem militärhistorischen Museum mit Beweisen belegt zu bekommen, ist einen Besuch wert. Da fahren Panzer auf, hängen Raketen in der Schräge, platzieren verschiebbare Schränke die Verluste in Archiven. Und wer den Keil betritt, sieht die Flucht, die die Bomber flogen, als sie am 13. Februar 1945 über Dresden ihre Mordwerkzeuge ausklinkten. Ein Hagel Endgültigkeit breitete sich über den Himmel aus und ging in der Innenstadt nieder. Die Getroffenen wussten um ihre Schuld, während ihre Richter sich schuldig machten. Gewalt bringt Gewalt – das lernt der Besucher in diesem Museum.

< 48 | 49 >

Dresden

Militärhistorisches Museum der Bundeswehr
Olbrichtplatz 2 | 01099 Dresden | Telefon 0351 8232803
www.mhmbw.de

Der Lokruf
der Giganten

Am Stadtrand von **Dresden** betreibt ein Verein voller Elan ein Eisenbahnmuseum, das Dampfloks zeigt und zum Lokfest Tausende von Besuchern anlockt.

Es atmet tief ein und aus. Die Lunge mag einem Ballon gleichen, denn das Schnaufen kommt aus großer Tiefe. Das schwarze Metall schwitzt, Öl kleckst auf den Boden, Dampf faucht aus Ventilen. Da ist Feuer im Kessel. Treibstangen übertragen Kraft auf Räder, und der Koloss setzt sich in Bewegung. Man nennt ihn loco motivus, sinngemäß: der sich von der Stelle bewegt.

Wenn Dampflokomotiven über Schienen gleiten, kommt die ganze Wucht des Industriezeitalters angerollt. Metall, Kohle, Schweiß, so muss es früher gewesen sein, als Menschen noch spürten, was sie taten. Sie sahen die Folgen, sie griffen ein, sie begriffen Geschwindigkeit und Ursache. Die Haltbarkeit der Maschinen war auf Dauer ausgelegt, und so existieren die Geräte bis heute. Saurier einer längst vergangenen Epoche, als der Kapitalismus Fahrt aufnahm und Schnelligkeit zum Kriterium für Gewinner wurde.

Hinter Zahlen wie 62 015 verbergen sich technische Kraftprotze, die Tausende von PS auf Gleise übertragen. 62 015 besitzt 1680 Pferdestärken, die 123 Tonnen Masse auf 100 Kilometer pro Stunde schieben. Und das seit über 80 Jahren. 1929 verließ die Dampflokomotive 62 015 mit der Fabrikationsnummer 20858 ihre Geburtsstation und tat fortan Dienst im Takt des Fahrplans. Die Lok fuhr von Bahnhöfen in Meiningen, Altenburg, Halle, Berlin und Rostock in die DDR-Welt, 1975 kam sie nach Dresden und kann heute im Eisenbahn-Museum auf dem Gelände des alten Bahnbetriebswerks bewundert werden. Seit 2002 existiert die Ausstellung der archaischen Fahrzeuge, die von Fans beim Dampfloktreffen belagert werden.

Die Industriegiganten locken Tausende an, was bei Technikabstinenzlern stets zu völliger Verwunderung führt. Verschmierte Heizer schauen aus den Führerkanzeln. Sie sind die Dampf-Piloten, die Briketts in die Öfen schmeißen, um das Wasser in den Kesseln zum Sieden zu bringen. Dann dampfen sie ab. Da ist noch alles echt und nicht verschlüsselt hinter digitalen Mattscheiben. Genau aus diesem Grund fanden sich nach 1989 genug Begeisterte, um in einem Verein das Betriebswerk zur Ausstellung umzubauen. Das Verkehrsmuseum Dresden stand dabei Pate. Mehr als zehn Dampf-, etwa fünf Diesellokomotiven sowie mehrere Trieb- und Arbeitswagen gehören zum Bestand. Für Fans noch ein paar Zahlen jener Dampfloks, die zu sehen sind: Die 01 137, die 03 001, die 19 017, die 62 015 sowie die 89 6009. Da atmet der Kenner tief durch und hofft auf ein baldiges Wiedersehen.

< 50 | 51 >

Dresden

IG Bw Dresden-Altstadt e. V. | Freizeitgruppe der Stiftung BSW
Zwickauer Str. 86 | 01187 Dresden | Telefon 0162 7838603
www.igbwdresdenaltstadt.de

Eine Windmühle
im Überfluss

Im Dresdner Stadtteil
Gohlis steht die historische
Mühle, die am besten mit
dem Fahrrad zu erreichen
ist.

21

Die Alten waren schlau. Sie nutzten die Natur. Sie hatten keine Steckdosen, wo der Strom rauskam. Sie stellten Mühlen in den Wind und nahmen dessen Kraft zum Mahlen. Heute streiten sich Politiker und Umweltschützer über alternative Energienutzung. Dabei war alles schon mal da.

In Gohlis am Stadtrand von Dresden steht eine dieser alten Turmholländer-Mühlen, die so praktisch gebaut sind, dass ein Mechaniker nach wie vor von dem schlichten Prinzip etwas lernen kann. Hier wurde auf Dauer gefertigt. Schon von 1784 bis 1828 existierte an diesem Ort eine Bockwindmühle. Dann ließ der Gutsbesitzer am gleichen Platz eine Holländermühle bauen, und sie tat 86 Jahre ihren Dienst. Danach beherbergte sie Jugendliche, es entstanden ein Museum und eine Gaststätte. Sie gehörte zu Gohlis wie die Felder und die Elbe.

Die Alten waren schlau. Sie kannten die Natur. Sie bauten die Mühle hoch, alle wichtige Technik befindet sich in den oberen drei Stockwerken. Unten lagerten nur Krimskrams oder Säcke, die schnell wegzuräumen waren. Das Wasser stieg oft an den Fuß der alten Mühle, nur irgendwann vergaßen die Menschen, was die Elbe kann. Denn es gab immer Zeiten, wo alle auf dem Trockenen saßen und sich in Sicherheit wähnten, aber dann kam es anders. 2002 umspülten die Fluten das untere Mauerwerk.

Das ärgerte nicht nur die Gohliser, sondern besonders Hans Schönamsgruber, der die Immobilie ein Jahr zuvor erworben hatte. Doch er ging nicht unter, 2003 eröffnete er einen Kaffee- und Biergarten an der Elbe. 2006 begann er die Mühle zu restaurieren. Auch das hatte das alte Gemäuer schon erlebt, denn 1925, 1953 und 1966 wurde es ebenfalls aufgehübscht.

Die Alten waren schlau, sie gaben nie auf. Und so verzweifelte der Besitzer auch nicht, als im Juni 2013 die Elbe die Mühle schon wieder mal wässerte. Gohlis erwischt es jetzt erst recht, denn die Dresdner Altstadt ist geschützt und glaubt, nie wieder getroffen zu werden. Doch irgendwo muss der Überfluss ja hin. Die Mühle konnte schnell wieder öffnen, das Wetter lud zum Ausflug ein. Mit dem Fahrrad ist es eine ideale Tour, über den Windmühlenweg zu radeln und dann im Schatten des großen Holländers zu rasten. Die Alten wussten schon genau, wo es schön war. Sie hatten auch eine Ahnung davon, wo eine kleine Brise weht. Da beginnen sich plötzlich knarrend die Flügel zu drehen. Ganz wie früher.

< 52 | 53 >

Dresden

Gohliser Mühle
Windmühlenweg 17 | 01156 Dresden-Gohlis | Telefon 0351 4546467
www.gohliser-windmuehle.de

Vom Tempel zum Abenteuerspielplatz

In **Nickern** auf den südlichen Höhen Dresdens siedelten bereits 5000 vor Christus Menschen. In einem alten Bauernhof verleben heute Kinder ihre Ferien.

Nickern kurz vor Heidenau gehörte für Dresdner lange in die Kategorie Kuhdorf mit Kaserne. Zu DDR-Zeiten lebten neben Bauern hinter Stahltoren und Mauern Sowjetsoldaten. Und zwischen Stadt und Dorf lag eine Ziegelei mit Lehmgruben. Strengstens verboten war der Zutritt, und dennoch gehörte es zum Abenteuerdrang der Jugendlichen, das Wasser zu ergründen. Das ging nicht immer gut aus. Dieser Landstrich schien schon immer etwas Geheimnisvolles zu bergen. Irgendwo musste hier ein Schatz liegen, denn schon bevor von Dresden überhaupt die Rede war, ließen sich in und um Nickern Menschen nieder. Kreisgrabenanlagen mit zwei Meter tiefen Gräben von 20 bis 130 Metern Durchmesser aus der Zeit 5000 vor Christus gehören zu den erstaunlichen Entdeckungen in dieser Gegend. So recht weiß bis heute keiner, wozu diese Bauten einst dienten, vielleicht waren es Befestigungsanlagen, ein Marktplatz, vielleicht ein Kalendarium oder ein religiöser Tempel. Die Ausgrabungen förderten Werkzeuge aus Stein, Knochen und Holz sowie Keramikfiguren von Menschen und Tieren zutage. Bauern erbauten diese Gräben, ihre Häuser waren zum Teil länger als 30 Meter. Sie wohnten und arbeiteten organisiert, das waren keine zotteligen Wilden. Ähnlich monumentale Anlagen tauchten erst in der Bronzezeit wieder auf – 3000 Jahre später. Ob die Kultur abgelöst wurde oder durch eine andere ersetzt – keiner weiß es.

Erhalten blieben sie in Nickern dennoch, genau wie die Generationsfolge von Bauern, deren Siedlungen Kauscha und Nickern erstmals im 13. Jahrhundert in Urkunden erwähnt wurden. Doch das Leben war ganz bestimmt nicht einfach hier, denn es existiert noch heute eine Hungerburg. Die Jugendlichen, die zu DDR-Zeiten in den nahe gelegenen Gruben und Seen badeten, lachten über die Bewohner, denn das mussten Hungerleider sein. Da derlei Vokabular im Sozialismus nicht vorkommen sollte, verboten die Großen dem Nachwuchs, sich über die Bauern lustig zu machen, aber den Bauern half das wenig. Der Hof verfiel, letztmalig gab es in den 1970er-Jahren einen Versuch, das Gehöft, dessen Grundmauern aus dem 13. Jahrhundert stammen dürften, zu reparieren. Außerdem kamen Kleingärtner und bauten ringsum ihre Parzellen, die bis in diese Tage herrlich blühen. Auf dem Hof indes ließ sich in den 1990er-Jahren ein Verein nieder, der Kindern für die Ferien einen Naturabenteuerspielplatz bietet. Die uralte Geschichte von Nickern wird dort immer wieder gern erzählt.

Dresden

Kinder- und Jugendbauernhof Nickern e. V.
Am Stausee 3 | 01239 Dresden | Telefon 0351 2882597
www.kinderundjugendbauernhof.de

Gemalte Beschaulichkeit

In **Dresden-Loschwitz** steht das Ludwig-Richter-Haus. Hier lebte der Maler und brachte die große Harmonie der Landschaft auf die Leinwände.

Am Rande Dresdens gerät die Stadt unvermittelt in Schwelgerei. Richtung Bühlau verläuft sich ab dem Körnerplatz ein Weg zwischen liebevoll erhaltenen Fachwerkhäusern, bedacht sanierten Altvillen und auftrumpfender Neureichenarchitektur. Fotografen warten im Sommer an Bordsteinkanten auf die richtigen Lichtverhältnisse. So ergeht es Malern ebenfalls. Sie warteten aber schon viel früher hier. Mitte des 19. Jahrhunderts zeichnete einer diesen Ort dreißig Sommer. Er nannte seine Blätter ganz ehrlich »Erbauliches – Beschauliches«. Die Harmoniesucht des Dresdners suchte sich in der Malerei ihren Fluchtweg. Richter, Ludwig, nicht Gerhard hieß der Romantiker, der den Biedermeier bunt auszeichnete. Der Künstler gab dem Elbhang sein Wunschbild. Fröhliche Menschen zwischen Blumen in grüner Landschaft. Die Balance entfaltet auf der Leinwand ihren absoluten Ausgleich.

Das Haus, in dem er zwischen Juni und September wohnte, duckt sich bis heute am Veilchenweg im Schatten der Schwebebahnmasten. Hinter einem Bretterzaun hängt an der Wand ein grünes Schild mit der nüchternen Information, dass Ludwig Richter in den Sommern 1852 und 1853 da wohnte. Täglich ging er von diesem Haus die damalige Berggasse, heute Veilchenweg, hinauf in sein Atelier, das sich 1852 im Haus von August Kotzsch, heute Kotzschweg 22, befand, und 1853 in Sperlings Weinberg, heute Ludwig-Richter-Straße 8. Richter selbst nannte sein Domizil das »schlichte Hüttchen oben am Berg. Hinter den von Weinreben umrankten Fenstern« saß er und blickte »unbefangen und kindlich« hinaus. Eine »Milde« legte sich »um den Mund«. Honigkuchenpoesie, die heute ihre Erinnerung findet, weil der Besitzer des Fachwerkhauses überall Bienenkästen im Grundstück und auf den Dächern verteilte. Ein Summen hält Besucher davon ab, sich dem Zaun zu nähern.

Dafür zeigt ein grüner Strich einen Rundweg an, der Ludwig Richter zu Ehren markiert wurde. Er startet am Veilchenweg und führt am Leonhardi-Museum vorbei, wo der Loschwitzer Maler und Fabrikbesitzer Eduard Leonhardi 1885 im Garten das Ludwig-Richter-Denkmal errichten ließ. Der Weg schlängelt sich vorbei an der Eule, an Häusern, in denen beispielsweise Pauline Richter (1835–1916), eine Hofschauspielerin, oder der Münzgraveur Reinhard Krüger (1794–1879) wohnten. Weiter geht es zur Gaststätte »Schöne Aussicht«, vorbei am Wohnhaus des ehemaligen Kreuzkantors Rudolf Mauersberger (1889–1971) und zur Bergstation der Schwebebahn. Ein beschaulich erbaulicher Spaziergang.

Dresden

Ludwig-Richter-Weg
Loschwitz ab Veilchenweg | 01326 Dresden | Das Haus ist nicht öffentlich.
www.ortsverein-loschwitz-wachwitz.de

Die Kunst
des Weines

Auf dem Weingut Zimmerling in **Oberpoyritz** am Stadtrand von Dresden gibt es nicht nur Wein, sondern auch Kunst zu erleben.

Der Grauburgunder senkt sich nieder. Er gleitet in den Körper, hinauf in die Seele. Jetzt, diesen Augenblick, loslassen können von den Verdächtigungen gegen sich selbst und andere. Es bringt nichts. Nur dieser Schluck zählt, dieser Platz am Fuße der Rysselkuppe, eines Weinberges, der sich wie eine Stufenpyramide aus dem Tal erhebt. Rebstöcke zirkeln den Hang in lineare Traubenträger, die sich die Sonne auf die Blätter holen und aus dem kargen Granit Wasser ziehen. Bloß nicht wieder fortgehen von hier.

Der Blick breitet sich von Oberpoyritz aus über die Elbauen, rechts glänzen die Spitzen von Schloss Pillnitz, vorn schlummert das Dorf Söbrigen, links ein Wald und irgendwo Graupa. Der Fluss wagt sich nicht bis an das Gut. Es lagert auf einer Anhöhe, und die Besitzer des acht Hektar großes Landes bauten sorgsam das Haus um und einen Weinkeller an. Von der Pillnitzer Landstraße im Tal sieht der Autofahrer, wie sich ein Sandsteinbogen in den Hang duckt. Da lagert der Wein, da reift er. Die Flaschen sind kleiner als normal und deuten auf die Exklusivität des Tropfens hin. Natürlich der Grauburgunder, aber auch Weißburgunder, Riesling, Kerner.

Der Ort wäre an sich schon fein gewählt und gut bestellt, doch mit dem Weinveredler Klaus Zimmerling zusammen wohnt die Künstlerin Małgorzata Chodokowska. Sie formt zarte Frauengestalten, anmutig, verletzlich, betörend. Die gebürtige Polin kam 1991 nach Dresden und beackert gemeinsam mit ihrem Mann seit 1992 ihre Holzskulpturen und den Weinhang. Eine Symbiose der Versuchung. Im Atelier sammeln sich die Weibsbilder, und draußen vor der Tür steht eine mit spritzendem Haar im Wasser, als würde sie ihren Schopf ausschütteln vom Regen. Jetzt bloß nicht fortlaufen, sondern den Hauch einfangen und wirken lassen wie den Grauburgunder, der es sich gut im Körper eingerichtet hat. Er wirkt ganz sanft.

Es kann sein, dass im Sommerföhn die Augen zufallen und man nur das Wasser hört und das leise Rascheln der Weinblätter. Hier mit Freunden feiern verbindet. Wein zu ziehen braucht Kenntnis und Geduld. Und es kann glühend heiß werden hier, dann drückt das Elbtal alles hernieder. Aber der Spaziergang zum Weingut Zimmerling lohnt immer. Kosten oder kaufen oder einfach schauen, wie es sein kann, wenn man sich gelöst hat vom Missmut des Alltags. Noch ein Glas vom Grauen, der streichelt sich in die Widerhaken und glättet tröstlich den Unmut. Jetzt bloß nicht fortlaufen.

< 58 | 59 >

Dresden

Klaus Zimmerling und Małgorzata Chodakowska
Bergweg 27 | 01326 Dresden | Telefon 0351 2618752
www.weingut-zimmerling.de

Schwarzes Bier für Humboldt

25

Eibau ist ein ruhiger Ort in der Lausitz. Der alte Faktorenhof ist wieder restauriert, heute gibt es hier ein Restaurant, ein Museum, und hier kann geheiratet werden.

Oben am Feld unterhalb des Kottmars steht ein herrschaftlicher Dreiseitenhof aus dem 18. Jahrhundert. Die Dächer mit Sorgfalt gedeckt, die Fassaden frisch geputzt, der Hof sauber gepflastert. Hier stinkt kein Vieh im Stall, matscht kein Schlamm auf dem Weg, sondern es duftet verführerisch aus der Küche, und die Kellnerin fragt nach Wünschen. Die alte Scheune lässt sich durch neue Großfenster ins Innere blicken, wo der Wirt Eibauer ausschenkt. Er pflegt Sachsens schwarze Kunst. Nur wenige Meter entfernt befindet sich die Brauerei. Einen Schluck weiter wird es richtig gemütlich, und auch der Wissensdurst kann gestillt werden.

Draußen im Biergarten wedeln die Sonnenschirme im Wind, und es kommt vor, dass auf der anderen Seite des Hofes plötzlich ein glückliches Paar aus der Tür tritt. Sie haben sich getraut. Im Portal über ihren Köpfen prangt ein Anker. Ungewöhnlich für einen Ort, wo weder ein großer Fluss noch ein Meer in Sicht sind. Natürlich gehen die Jungvermählten jetzt gemeinsam vor Anker, aber der Grund für den Seemannshaken ist ein anderer. Den barocken Hof baute um 1717 der Leinwandhändler Christian Zentsch, der dem Motto folgte: Und ist der Handel noch so klein, er bringt doch mehr als Arbeit ein. Der Gewinn seines Geschäftes beruhte auf dem Verkauf von Lausitzer Leinen an Kunden in Übersee. Im Obergeschoss ließ der Händler das Zimmer mit Delfter Motiven bemalen. Der Mann kannte die Welt.

Heute befindet sich in seinem ehemaligen Domizil ein Museum, das die Geschichte des Brauens und der Leineweberei erzählt. Die Heimat wird zum Anschauungsmaterial, von einem Verein seit 1845 gesammelt. Die deutschlandweite Humboldtbewegung animierte einst Einwohner, sich mit der Entwicklung des eigenen Landes zu beschäftigen. Wissen beruht auf Erkennen, auf Erfahrung, auf Begreifen. Naturwissenschaftlicher Volksunterricht sollte dem Menschen seine Umwelt verständlich machen. Geistige Befreiung des Volkes nannte das Alexander von Humboldt. Geblieben ist das Museum samt Vogelbaum. Geehrt wird auf diesem Hof zugleich der Oberlausitzer Künstler Max Langer.

Der Hof wuchs mit diesen Angeboten samt Frühlings-, Herbst- und Weihnachtsmarkt zu einem schönen kulturellen Zentrum Eibaus. Nicht spektakulär, aber liebevoll und mit Respekt vor der eigenen Tradition. Und ganz nebenbei schmeckt es auch noch, egal, ob man nur mal kurz auf der Durchfahrt hält, nach dem Wandern ausruhen möchte oder die Liebe seines Lebens verwöhnen will.

< 60 | 61 >

Eibau

Faktorenhof Eibau
OT Eibau | Hauptstraße 214a | 02739 Kottmar | Telefon 03586 702051
www.faktorenhof-eibau.de

Die Leichtigkeit des Geistes

Die Tulpenkanzel im Dom zu **Freiberg** wächst wie eine fleischfressende Pflanze aus dem Fundament. Über allem schwebt ein Schalldeckel.

Im Freiberger Dom beginnt Nachdenken. Dieser Bau lehrt uns Demut vor dem Können der anderen. Schmale Pfeiler streben himmelwärts und tragen in ihrer Mitte Jungfrauen. Die blicken versonnen ins Nirgendwo. Ein Zyklus kluger und törichter Mädchen, die daran erinnern, das man stets auf die Ernstfälle des Lebens vorbereitet sein sollte. Das sollen sie uns jedenfalls glauben machen.

Ein halbes Jahrtausend ist es her, dass dieses Gotteshaus entstand. Ein Ausdruck göttlicher Hingebung und Demonstration reformatorischen Aufschwungs. Der Dom ersetzte eine romanische Basilika, die bei einem Brand in den Flammen verschwand. Die Goldene Pforte aus dem Jahr 1225 blieb als Erbe und gelangte in den neuen Bau. Eine aufgeschlagene Bibel, an den Gewänden verziert mit Figuren: Aaron und Daniel, David und Bathseba, König Salomo und die Königin von Saba sowie Johannes der Täufer und Johannes der Evangelist. Pracht bis ins Detail.

Dabei ist pure Selbstironie zu erkunden. Zwei Kanzeln stehen im Kirchenschiff nebeneinander, wobei die eine wie eine fleischfressende Pflanze aus dem Fundament wächst. Der Pfarrer möge sich in Acht nehmen, wenn er in die Blüte steigt. Den Kelch halten vier Stängel, in denen singende Engel sitzen, die sich wie in einem Kinderkarussell um die Achse drehen. Halleluja, was für ein Spaß. Am Boden ein vornehm gekleideter Herr mit Löwen. Könnte sein, dass da Daniel, der Schutzpatron der Bergleute, hockt, könnte sein, es ist der Stifter der Kanzel, der sich an sein Denkmal lehnt und den Predigten lauscht. Die Last des Werkes jedoch muss ein Knappe tragen, der unter der Wendeltreppe hockt und keucht. Über allem schwebt ein Schalldeckel. Wenn er fällt, schließt sich die Blüte. Obenauf sitzt Maria und spielt mit dem Kind. Sie interessiert wenig, was unter ihr geschieht. Sie schwebt über den Dingen.

Begräbniskapelle und Silbermannorgel schmücken dieses Haus faszinierender Kunstwerke und Gottesfürchtigkeit. Wobei die Lust am Fabulieren in jeder Ecke zu spüren ist. Schnitzkunstwerke aus dem 15. Jahrhundert nehmen Jesus, wie er ist. Ein toter Mann, der offensichtlich mehr vollbrachte als andere. Es ist eine Lust, sich den Dom zu erobern, der freizügig Glauben zelebriert und mit Witz Fundamentalismus infrage stellt. Ein Zeichen der Leichtigkeit des Geistes und des Reichtums einer Stadt, die einst Silberfunde und Bergbau in die oberste Liga schleuderten. Hier beginnt Nachdenken über den Umgang mit sich selbst.

Freiberg

Ev.-luth. Domgemeinde Freiberg
Untermarkt 1 | 09599 Freiberg | Telefon 03731 300340
www.freiberger-dom.de

Die Festung der Minerale

27

Faszinierende Minerale zeigt das Schloss in **Freiberg**. Besucher tauchen in die unsichtbare Welt unter der Erde ein, wo die Gesteine vor Jahrtausenden entstanden.

Wie gefrosteter Spargel streckt sich der Ferberit in alle Richtungen. Malachit reckt sich phallusartig und ganz in Grün aus einem Berg. Granat, Rubin, Aquamarin oder Calcit erheben sich zu formvollendeten Fantasiefiguren. Schloss Freudenstein ist die Festung der Minerale, eine der größten Sammlungen weltweit.

Hinter den Mauern zeigt sich, was die Welt im Innersten verborgen hält: kristalline Strukturen, abgeschieden aus Schmelzen, Lösungen und Gasen. Es sind ihre Farben, die regenbogenquer leuchten und staunen lassen. Kleine Leuchttürme, Minarette im wortursprünglichen Sinn, die im Licht ihr Spektrum ausleben. Erleuchtung aus der Tiefe.

Vor 850 Jahren trieben Bergleute Stollen in die Freiberger Erde, um minera, das Erz, zu suchen. Minare hieß Bergbau treiben. Silber ließ die Sachsen damals reich werden wie heute Erdöl die Emiraties. Schon damals musste man die Vorkommen schützen, und so entstand die Festung, die heute mitten in Freiberg am Schloßplatz liegt und die Minerale, Edelsteine und Meteoriten ausstellt. So geht Geschichte. Sie schließt ihre Kreise. Und wer genau hinschaut, entdeckt, dass Vergangenheit nichts vergisst. Die Erdfunde zeigen den Gestaltungswillen der unbelebten Natur und der Frauen. Eine Hebamme soll im Mittelalter hier gewesen sein, der Burgherr furchtbar. Die Frau musste fliehen. Marthe gehörte zu den ersten Siedlerinnen, die das mühevolle Wachsen und Werden des Ortes miterlebten. Eine Frau schrieb ihre Geschichte auf, Sabine Ebert gelang damit ein Bestseller.

Eine andere Frau, Erika Pohl-Ströher, geboren in Leipzig, aufgewachsen im Erzgebirge, ausgewandert in den Westen Deutschlands, reich geworden mit dem Schönheitsunternehmen Wella, gab ihr Glück an ihre Heimat zurück und lieh auf Dauer ihre Mineraliensammlung der Universität in Freiberg, die sie jetzt stolz präsentiert und Studenten daran forschen lässt. Das hält die Stadt jung. In den Gassen laufen die Nachwuchsakademiker, an den Wänden lehnen Fahrräder, in den Cafés sitzen die Kommilitonen, schwatzen über die Visionen der Welt und was sie verändern wollen. Irgendwas muss immer anders werden, und wenn es die Rückkehr der Geschichte ist. Freiberg zeigt aufpoliert sein historisches Gesicht. Die Stadt leuchtet frisch, auf dem Boulevard geht es zu New Yorker wie zum Töpferladen oder ins Café Hartmann am Markt, wo die Zeit keinen Schaden anrichten konnte. Es muss auch Orte geben, wo sich nichts verändert.

< 64 | 65 >

Freiberg

TU Bergakademie Freiberg | terra mineralia
Schloßplatz 4 | 09599 Freiberg | Telefon 03731 394654
www.terra-mineralia.de

Äbern, Aburn, Äburd und Erbern

Das Kartoffelhaus in **Freiberg** ist ein uriges Restaurant, wo die Knolle noch richtig genossen werden kann.

28

Sachsen ist Wunderland. Abern oder auch Äbern, Aburn, Äburd und Erbern sind eines davon. Es handelt sich um die Erdbirne oder gerne auch den Erdapfel. Jeder kennt die Knolle. Das Wunder setzte bereits um 1700 ein, als Bauern im Vogtland mit dem Anbau des bis dahin unbekannten Gewächses begannen. Seefahrer hatten es aus Südamerika nach Europa gebracht. Die neue Feldfrucht verbreitete sich schnell im Erzgebirge und im Meißener Raum. Der Sachse war eben schon immer helle und erkannte, dass mit der Knolle die hungrigen Mäuler auf schmackhafte Weise zu stopfen waren. Sachsen gilt damit für das gesamte deutsche Gebiet als Mutterland der Kartoffel. Zwar wird Friedrich der Große immer wieder als Kartoffelheld geehrt, aber er gab erst 1756 den Befehl, die Frucht flächendeckend anzubauen, um den Hunger zu lindern. Seine Landeskinder aßen allerdings das Grünzeug und nicht die Erdfrüchte und bekamen ein gewaltiges Unwohlsein. Die Sachsen amüsierten sich, sie wussten, dass gute Rohstoffe im Erdreich liegen.

Zum Begriff Abern kam es übrigens, weil die Erdäbbl gesteckt werden, wenn im Mai der Boden frostfrei ist. Im Vogtland hieß das dann: Der Hausacker is schu ganz schie äber oder aber, also von Schnee frei. Das war das Zeichen zum bäuerlichen Arbeitseinsatz. Äber oder aber stammt vom lateinischen apricus ab, was sonnig bedeutet. Die Abern sind heute für alle da, auch wenn die Jungsachsen sie am liebsten als Pommes katschen und dick Ketschubb droffschmiern.

Doch in Freiberg kann die Knolle noch ganz traditionell genossen werden. Am Schüppchenberg, in einem alten Berghaus, das es schon 1535 gegeben haben soll, kann sich der Gast im Kartoffelgarten oder im urigen Schankraum bedienen lassen. Die Inhaberin heißt auch noch Koch, in dem Fall Sanja, und sie nennt ihre Mitarbeiter Kartoffelmannschaft. Die bietet Kulinarisches rund um den Erdapfel. Wer sich hierher bewegt, genießt nicht nur ursprüngliches Essen, sondern zudem den Ursprung Freibergs. Denn an diesem Ort soll 1168 das sagenumwobene Silber gefunden worden sein, das die Stadt später reich werden ließ.

Noch ein Tipp? Sanja Koch gehört noch ein zweites Restaurant. Es ist das schönste der Stadt, denn es schwimmt auf dem See am Meißner Ring und heißt Schwanenschlößchen. Genau so sieht es auch aus. 1896 erbaut, musste es 1973 wegen Baufälligkeit abgerissen werden und entstand 2000 in traditionellem Stil wieder. Sachsen kennt viele Wunder.

< 66 | 67 >

Freiberg

Kartoffelhaus »Am Schüppchenberg«
Berggasse 7 | 09599 Freiberg | Telefon 03731 355600
www.kartoffelhaus-freiberg.de

Ein Kompendium
des Realismus

Das Museum im Schloss
Burgk in **Freital** zeigt die
einmalige Ausstellung des
Kunstsammlers Friedrich
Pappermann. ▷

29

Männer träumen gern von Häusern, und sie sammeln, was ihnen gefällt. Selten trifft beides zusammen. Ein Herrenhaus mit Ausstellung einer Sammelleidenschaft findet sich in Freital. Die Stadt zieht sich wie ein grauer Aal durch den Plauenschen Grund, und manchmal scheint es, dass alles, was dem feinen Dresden nicht passte, nach hier abgestellt wurde. Ein Industriemuseum samt Mietshäusern wimmelt sich an der Weißeritz entlang. Nur am Fuße des Windbergs liegt ein stilles Refugium, ein Schloss, welches hier keiner vermutet. Doch schon im 12. Jahrhundert wählten sich Herren diesen Platz, um eine Ritterburg zu bauen. Später kaufte ein Dresdner Senator das Anwesen, aber nicht allein, weil es so schön war, sondern weil in dem Grund ganz in der Nähe Steinkohle lagerte. Noch heute können Besucher durch das Bergbaumuseum schlendern, in einen Stollen einfahren oder sich Dorothea anschauen, die erste elektrische Grubenbahn der Welt.

Manchmal geht einem etwas verloren, wenn man glaubt, schon alles zu haben. Denn einen freundlichen Herrn ignorierte die Landeshauptstadt viele Jahre. Der Kunstfreund Friedrich Pappermann sammelte Bilder, viele Bilder der Dresdner Malerei des 19. und 20. Jahrhunderts. Der Dresdner kaufte jahrelang die Zeichnungen eines Clubs junger Wilder, die sich »die Goppelner« nannten. Sie lebten um 1890 in einer Künstlerkolonie in dem kleinen Dorf am Stadtrand von Dresden und malten die Natur. Auch die Brücke-Maler Ernst Ludwig Kirchner und Max Pechstein waren dabei. Für seinen gesamten Schatz suchte Pappermann einen Raum. Kostbare Kunst eines Wilhelm Claudius, Carl Gustav Carus oder Robert Sterl, die nun seit 1994 neben weiteren 200 Gemälden in dem Museum auf Schloss Burgk zu sehen ist. In Freital hängen zudem Gemälde von Otto Dix, Willy Kriegel, Wilhelm Lachnit, Wilhelm Rudolph, Pol Cassel, Otto Lange, Curt Querner, Christoph Voll und Ewald Schönberg. Ein kleines Kompendium des Realismus. Verblüffend schön, aufregend, verführerisch. Manchmal passt eben alles zusammen.

Schön geht es in dem kleinen Schlossgarten weiter, hier wandeln oft Paare, nachdem sie sich getraut haben. Dann sind die Herren unter der Haube. Ein Trausaal im Schloss erleichtert den Schritt ins gemeinsame Glück. Nach vielen Jahren kann es sein, dass der Gatte mit dem Sammeln beginnt. Dann sollte die Frau genau hinsehen, wem seine Leidenschaft gilt. Bilder können übrigens manchmal genauso teuer werden wie Häuser.

< 68 | 69 >

Freital

Schloss Burgk
Altburgk 61 | 01705 Freital | Telelefon 0351 6491562
www.freital.de

Kohle lernt schwimmen

30

Der See unweit der Gemeinde **Geierswalde** wirkt im Sommer wie das Mittelmeer. Von hier aus kann man durch die Lausitzer Seenlandschaft segeln.

Sie liegt am Beckenrand. Lasziv. Der Körper aus Klinkersteinen. Das rechte Bein angewinkelt, der Zopf aus poliertem Edelstahl gleitet ins Wasser. Ein Weib, eine Sphinx vielleicht, aber ohne Menschengesicht. Man liebt oder hasst diese Figur, schützt oder besprüht sie. Jeder kann auf ihr herumreiten, wie es ihm gefällt. So war das schon immer in Hoyerswerda, wenn es um Brigitte Reimann ging. Die Dichterhure, wie manche älteren Einwohner die Schriftstellerin bis heute nennen, bekam zum 80. Geburtstag im Juli 2013 mitten in der Stadt ein Denkmal. Ein Denk-Zeichen sollte gesetzt werden, sagte der Dresdner Bildhauer Thomas Reimann zu seinem Entwurf. Was soll er auch sagen, schließlich denkt sich immer jeder seinen Teil, egal, ob er es blöd oder schön findet. So funktioniert Kunst, sonst wäre es keine. Brigitte Reimann bereute wenig von dem, was sie tat, aber viel von dem, was sie gelassen hat. Das meiste war unterlassene Hilfeleistung an sich selbst. Sie liebte Männer am Fließband. So heißt es. Und sie rauchte im Akkord, soff die Kerle vom Bau untern Tisch. Sie baute der DDR ihre Traumstadt mit und verzweifelte an ihr. Im Buch»Franziska Linkerhand« ist viel davon zu lesen. Die Schriftstellerin starb kurz vor ihrem 40. Geburtstag an Krebs, der sie auffraß wie die Lügen den DDR-Sozialismus, der auch nicht viel älter wurde.

Die Menschen brauchten Strom und Wärme, deshalb gruben sich rund um Hoyerswerda Riesenbagger in die Erde, um Braunkohle rauszuholen. Tausende zogen in die Lausitzer Gegend, der alte Dörfer wie Scado verloren gingen, weil unter ihnen das schwarze Gold lag. Das beschrieb die Reimann auch, die sah, wie 1966 in Scado das letzte Haus gesprengt und der letzte Bürger von der Polizei abgeführt wurde. Heute erinnert ein kleiner Gedenkstein daran. Aber sonst nichts. Die Welt zwischen den Fichtenwäldern, 150 Kilometer von Berlin und 60 Kilometer von Dresden entfernt, heißt heute Geierswalde, und der 620 Hektar große künstliche See ist einer der größten im neuen Freizeitparadies, das von Senftenberg bis Görlitz reicht, die größte künstliche Seenplatte Europas. Lausitzer Neuseeland. Am Geierswalder See darf der Besucher heute schon sehen, wie es mal werden wird, wenn eines Tages der gewaltige Plan von der Umgestaltung fertig ist. Ein Milliardenprojekt, das den Osten aufblühen lässt. Brigitte Reimann hätte ihre Freude daran, sie ging viel lieber baden, als zuzusehen, wie vor ihrem Küchenfenster die Platten wuchsen. Sie sind längst zurückgebaut.

< 70 | 71 >

Geierswalde

Ferien & Freizeitpark Geierswalde
Promenadenweg 1–3 | 02979 Elsterheide OT Geierswalde | Telefon 0174 9012658
www.lausitzerseenland.de

Die Taktik
des Ticktakts

Das Uhrenmuseum in
Glashütte ist nicht nur
für Fans historischer
Chronometer ein
schönes Ausflugsziel.

31

Die Hast nimmt der Zeit die Zeit. Nichts geschieht heute mehr zu seiner Zeit, sondern alles gleichzeitig. Alles muss jetzt sein. Moderne Zeitmesser zerschneiden Stunden in Hektik. Wer sich gegen die Unruhe stemmt, gilt als Unruhestifter, obwohl er doch nur seine Ruhe haben möchte. Dass eine Uhr dabei helfen könnte, zu verweilen, scheint irrsinnig. Aber so ist die Zeit, sie widerspricht sich jede Sekunde. Vielleicht scheitern ja genau aus diesem Grund Dollar und Euro, weil eine neue Währung unbezahlbar wird: Zeit. Wer sie hat, ist reich. Zeit ist kostbar, sie ist Luxus. Und deshalb benötigt sie eine Fassung, die sich ihrer würdig erweist. In Glashütte liegen diese Fassungen im größten Haus am Marktplatz. Nicht die Kirche, nicht das Rathaus dominiert in dieser Kleinstadt, sondern ein mächtiger Gründerzeitbau, in dem einst Schüler das Uhrmacher-Handwerk lernten. Seit 2008 zeigt die städtische Sammlung in diesem Gebäude auf 1 000 Quadratmetern und zwei Etagen mehr als 400 einmalige Exponate der Glashütter Uhrmacherkunst: Taschen-, Pendel- und Armbanduhren, Marinechronometer und Gangmodelle.

Im Vestibül begrüßt den Besucher ein riesiger Mahagonischrank mit einer Pendeluhr, deren 17 Zeiger sich um die aktuelle Zeit und zwischen Himmel und Erde drehen. Schöpfer dieses Monstrums war Hermann Goertz, der 1925 das Wunderwerk einer astronomischen Uhr aus 1 756 Einzelteilen konstruierte. Die Planetenmaschine im Nebenraum, mit der sich die Bewegungen von Erde, Mond und Sonne darstellen lassen, gibt ein Gefühl davon, dass Zeit nur eine Erfindung ist.

Doch der Erfindung schlägt nach wie vor jede Stunde. Glashütte wuchs seit 1990 zum deutschen Mekka für Liebhaber edler Chronometer. Es fing damit an, dass der Dresdner Ferdinand Adolph Lange am 7. Dezember 1845 in Glashütte die Uhrenmanufaktur »A. Lange, Dresden« gründete. In einzelnen Zeit-Räumen zeigt das Museum die Entwicklung der Uhrenindustrie bis heute.

Uhren pendeln an den Wänden, die U(h)rväter erklären sich, aber vor allem klärt sich, warum das Handwerk seine Zeit braucht. Rädchen, Platinen, Schräubchen, Zeiger, Zifferblätter liegen zur Montage bereit, und Glashütter Experten demonstrieren, was nötig ist, um eine mechanische Uhr zu bauen. Es lohnt sich, sich Zeit zu nehmen für den Gang durch die Zeitgeschichte und danach für einen Spaziergang zu den alten neuen Uhrenmanufakturen, die auf Zeit setzen. Denn die braucht der Mensch, um zu leben.

< 72 | 73 >

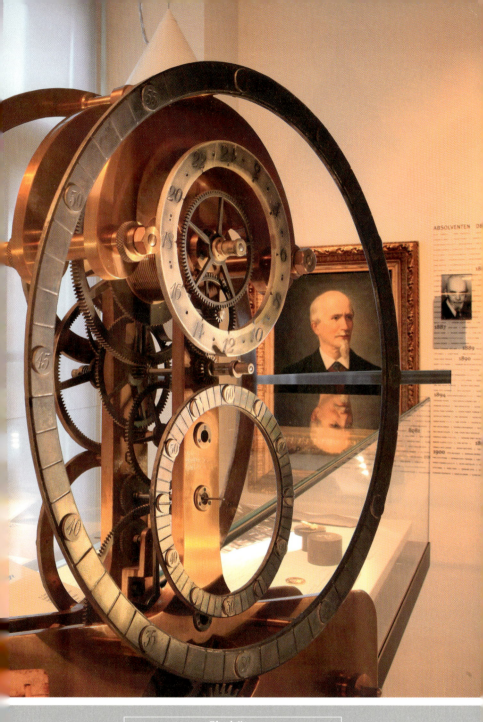

Glashütte

Deutsches Uhrenmuseum Glashütte
Schillerstr. 3a | 01768 Glashütte | Telefon 035053 46283
http://www.uhrenmuseum-glashütte.com

Die Bibliothek
der Aufklärer

Der historische Büchersaal
in **Görlitz** ist einer der
schönsten Leseorte in
Sachsen. 140000 Bände
stehen in den Regalen.

32

Am östlichsten Zipfel des Landes vermutet keiner solche Pracht. Die Deutschen fahren lieber nach München oder Neuschwanstein, Verona oder Florenz, dabei könnten sie im eigenen Land italienische Verhältnisse plus deutsche Architekturgeschichte genießen. An der Neiße liegt ein Kompendium aneinandergereihter Denkmale aus spätgotischer Üppigkeit und massenweise Renaissance, aus Barockbürgerhäusern in der Altstadt sowie ausgedehnten Gründerzeitvierteln im Umkreis des Zentrums. Längst hat Hollywood den Ort zur filmreifen Kulisse erklärt, um in eine Vergangenheit zu gelangen, die anderswo mit Ignoranz überbaut wurde.

Zwischen sanierten Villen und einstürzenden Altbauten, großen Palais und Jugendstilkaufhaus, Mietshausstraßen und Pflastersteingassen lebt einmalige Historie, ein Weltkulturerbe. Cafés laden ein, Hotels locken mit Sonderangeboten, in Antikläden stöbern Touristen nach Kram, in Antiquariaten stapeln sich regalhoch Bücherrücken. Druckwaren des täglichen Bedarfs. Auf der Neißstraße steckt hinter einer barocken Fassade zudem eine Bibliothek mit 140 000 Bänden, gesammelt seit fast 300 Jahren mit zum Teil tausend Jahre alten Handschriften. Eine Enzyklopädie gegen das Vergessen.

Während Händler feinster Stoffe die Stadt mit ihren edlen Häusern verzierten, gründeten Juristen und Forscher eine Gesellschaft der Wissenschaften. So war das schon immer: Wirtschaft fördert Kultur und Wissenschaft und die wiederum die Wirtschaft. Wenn allerdings Ökonomie dominiert, geht der Geist zugrunde und zieht irgendwann auch den Rest mit runter. Görlitzer erkannten diesen Zusammenhang und sahen das Buch als das feinste Mittel, Wissen zu bewahren und zu mehren. Dabei kam ihnen gar nicht in den Sinn, auf Fördergelder oder Staatshilfen zu warten, denn so etwas gab es im 18. Jahrhundert gar nicht. Höchstens privilegierte Steuererleichterung. Juristen und Rittergutsbesitzer, Philosophen und Wissenschaftler schenkten ihre privaten Bibliotheken der Gesellschaft der Wissenschaften und begründeten so jene Bücherei, die heute zu den wertvollsten und zugleich zu den schönsten Europas gehört. In dem historischen Büchersaal lehnt sich neben Bogendurchgängen Buch an Buch, ledereingebunden und in Leinen, ein bibliophiles Gesamtkunstwerk zum Ansehen, aber vor allem Arbeiten. Es riecht nach Papier, es raschelt, es kann sein, dass beim Umblättern ein wenig Staub von gestern in den Atem huscht.

< 74 | 75 >

Jerusalem in der Lausitz

Das nachgebaute Grab Jesu Christi befindet sich in **Görlitz** und ist längst selbst zur Pilgerstätte von Gläubigen geworden.

33

Auf einem Hügel in Görlitz steht unscheinbar eine kleine Kirche. Unten die Heilige-Grab-Straße, oben der Luthersteig. Aber was so unscheinbar wirkt, verblüfft. Denn es kopiert das Heiligste des Christentums, die Ädikula über dem Grab Jesu. Eine Kapelle, die sich in der großen Grabeskirche in der Altstadt Jerusalems befindet. Die Nachbildung stammt aus dem Jahre 1504 und ist selbst zur Pilgerstätte geworden.

Denn auf dem Hügel stehen nicht nur die verkleinerten Kopien der Grabkapelle, sondern zugleich die des Salbhauses und der Kreuzkapelle als Nachbildung der hochmittelalterlichen Heilig-Grab-Kapelle, die so gar nicht mehr in Jerusalem steht. Damit ist lang noch nicht Schluss mit der Nachmacherei: Die Anhöhe nördlich der Grabeskapelle stellt den Ölberg mit dem Garten Gethsemane dar, mit der Gebetsstätte und der Jüngerwiese. Der Wasserlauf symbolisiert das Tal des Baches Kidron. Die Straßen der Stadt von der Krypta der Peterskirche bis zur Anlage bilden den Kreuzweg mit verschiedenen Stationen der Rast. Einfach göttlich.

Über 500 Jahre empfängt das Lausitzer Jerusalem nun schon die Gläubigen. Und ihnen wird erzählt, dass der 1422 in Görlitz geborene Georg Emmerich der edle Spender sei, der als späterer Bürgermeister der Stadt das Ensemble als Zeichen der Buße erbauen ließ. Ganz so einfach scheint es aber dann doch nicht zu sein, denn der Spross einer reichen Patrizierfamilie tat nur selbstlos und propagierte geschickt seine tiefe Hinwendung zum Glauben samt Reise nach Jerusalem.

Der testosterongesteuerte Mann schwängerte in Wahrheit die Tochter des Nachbarn, was den wenig erfreute. Er forderte den Erzeuger zur Heirat der deflorierten Jungfrau auf, das verweigerte die Familie Emmerichs. Ein Nachbarschaftsstreit um Ehre und politische Macht entbrannte. Georg Emmerich floh kurzerhand aus der Stadt, pilgerte lieber nach Jerusalem, als sich an Weib und Balg zu binden. Mit reichlich Geld ausgestattet, ließ sich der Patrizierspross in der Christus-Stadt zum Ritter des Heiligen Kreuzes schlagen und kehrte so offiziell rehabilitiert in seine Heimat zurück. Der studierte Jurist, erfolgreiche Händler und Bauunternehmer war zugleich sechsmal hintereinander Bürgermeister von Görlitz und ließ sich zu Ehren die Kopie des Heiligen Grabes errichten. Und das schrieb er selbstverständlich nicht nur in seine Annalen, sondern ließ es in der Kapelle in Stein meißeln. Vielleicht aber hatte er einfach nur Angst vor dem Zorn Gottes. Wir stellen fest: Der Heiligenschein scheint immer am heiligsten über den Scheinheiligen.

< 76 | 77 >

Görlitz

Heiliges Grab Görlitz
Heilige-Grab-Straße 79 | 02826 Görlitz | Telefon 03581 315864
www.heiligesgrab-goerlitz.de

Ein Schwanenschloss für Wagner

34

Das alte Jagdschloss in **Graupa** eröffnete Anfang 2013 zum 200. Geburtstag Richard Wagners als neues Museum zu Ehren des Komponisten. Schwäne gehören selbstverständlich dazu.

Ein Schwan zieht Furchen durch den Teich. Andernorts könnte das Federvieh Justin oder Gaga heißen. In dem kleinen Ort Graupa, gleich hinter der Dresdner Stadtgrenze Richtung Pirna, geht das nicht. Da kommen nur Elsa und Siegfried oder Minna und Lohengrin infrage. Hier wird alles verwagnert. A-Prominenz ist selten genug. Deshalb pflegt der Ort seinen sächsischen Weltbürger wie Bayreuth den Grünen Hügel. Sie haben nur Richard Wagner. Den Komponisten, Dramatiker, Philosophen, Dichter, Schriftsteller, Regisseur und Dirigenten. Der Herr des Rings klingt in der Oper oder in Filmen genauso gut wie in der Werbung. Zu seinem 200. Geburtstag wurde 2013 das alte Jagdschloss als Pilgerstätte für Wagnerianer für schlappe sechs Millionen Euro hergerichtet. Zunächst mal setzten Gemeindearbeiter jedoch zwei junge Schwäne in den Schlossteich. Ohne Schwan geht schließlich bei Wagner gar nichts. Er lässt den Vogel wacker durch Musikdramen schwimmen. Im »Lohengrin« an vorderster Front. Und die Noten dieses Werks schrieb der Komponist eben in Graupa. Deshalb der Aufwand. Noch kurz vor der Eröffnung starb einer der Schwäne. Leider. Trotzdem irgendwie typisch. Der Tod gehört zu Wagner wie die Geister, die er in allen möglichen Szenen ruft.

Mit 33 durfte sich der gebürtige Leipziger in Dresden Hofkapellmeister nennen. Ein echter Stressjob war das. Zur Erholung zog sich der Komponist 1846 mit seiner damaligen Frau Minna und mit Hund Peps in die Gemeinde zurück. Wagner wohnte im Schäfer'schen Gut, jenem Fachwerkhaus, das heute ein Wagner-Museum beherbergt. 1907 eröffnete es und darf sich deshalb das älteste Wagner-Museum der Welt nennen. Nur, die Welt kennt es nicht. Deshalb das neue Wagnerhaus.

Hundert Meter entfernt von dem Museum steht das alte Jagdschloss. Der Komponist schlenderte gelegentlich daran vorbei. Jetzt tritt der Gast durch eine Glastür in das Wagnerschloss und wird klangvoll empfangen. Überall auf den zwei Etagen verbergen sich Lautsprecher in den Wänden. Das Schloss teilt sich in sechs Räume. Alles beginnt in Sachsen. Raum für Raum kommt Wagner näher, der Besucher hört die Lieblingsmusik des Komponisten, seine Kompositionen, sieht seine Vorstellungen von Theater und Bühne, und er erfährt, wie im Dritten Reich oder im Sozialismus Wagner staatstragend benutzt wurde. Überall multi-mediale Portale; ein Chip, den der Besucher am Eingang bekommt, setzt die digitale Welt in Bewegung. Alles perfekt für den großen Auftritt. Mein lieber Schwan!

Graupa

Richard-Wagner-Stätten
Richard-Wagner-Straße 6 | 01796 Pirna OT Graupa | Telefon 03501 4619650
www.wagnerstaetten.de

Abtauchen
in der Masse

In **Großröhrsdorf** lädt das Masseneibad im Sommer mit herrlichem kühlem Wasser zum Schwimmen ein. Einst befand sich hier ein Wald voller Schweine.

35

Bei Hitze geht's in die Masse. So sagen die Jungen und Mädchen in Radeberg, Großröhrsdorf oder Seeligstadt, wenn sie sich nach der Schule verabreden, um ins Masseneibad zu fahren. Die Älteren wissen noch, dass auch das Wort Mastche passt. Ein jeder darf sich darunter vorstellen, was er will, vor allem, wenn er darin schwimmt. Das Wort könnte vom mittelhochdeutschen mastunge abgeleitet sein, was so viel heißt wie Ort der Schweinemast. Das ist nicht unwahrscheinlich, denn der Wald bot den Tieren schon immer beste Nahrung, und ganz in der Nähe, im Tal der Schwarzen Röder, gibt es einen Schweinsrundweg. So schweinisch geht es hier am Rande von Dresden zu, und dennoch gibt es kein besseres Bad als das in der Masse.

2400 Quadratmeter Wasserfläche breiten sich zwischen Bäumen aus, die einst zum Herkynischen Wald gehörten, der sich vom Rhein bis hierher erstreckte. Bis zum Jahr 1000 war das Gebiet mit den Wäldern um Moritzburg und Königsbrück, dem Karswald und der Dresdner Heide verbunden, an deren Rand sich von Slawen und deutschen Siedlern bewohnte kleine Dörfer befanden. So notierte es einst der römische Geschichtenschreiber Tacitus, der den Schülern beim Kopfsprung in das klare Wasser allerdings völlig egal ist. Sie beweisen sich vielmehr gegenseitig ihren Mut, wenn sie figurenreich auf den Rutschen abwärts gleiten oder auf den Fünf-Meter-Turm klettern und mit einer Bombe die anderen beindrucken wollen.

Morgens oder am späteren Abend ist es hier wunderbar leer, kann der Erholungsuchende ab 9 Uhr seine Bahnen ziehen. Klares Wasser, eine 50-Meter-Bahn wie im Olympiastadion. Es plätschert leise, es rauscht der Wind in den Blättern der Bäume ringsum. Keiner, der stört. Erst wenn die Temperaturen steigen und die Städter nach Luft schnappen, füllt sich der Parkplatz vor dem Bad und dann die Liegewiese, die zwei Fußballfeldern gleicht und eigentlich für genug Handtücher Platz bereithält. Aber irgendwann an heißen Nachmittagen platzieren sich grüne, gelbe, rote, blaue Farbklecks im niedergelatschten Grün. Dann liegen die Städter hier wie Ölsardinen in der Dose, dennoch bekommt keiner Platzangst. In der Masse ist genug Platz für Massen. Das unterscheidet das Bad wohltuend von den überfüllten Freibädern in Dresden, wo Menschen im Wasser stehen wie Spargel im Topf und sich endlose Schlangen vor den Rutschen drängeln. Wenn es etwas kühler wird, kann der Badende in der Wärmehalle seine Gänsehaut ablegen, beim Tischtennis wieder in Bewegung kommen. Die Masse ist Kur.

< 80 | 81 >

Großröhrsdorf

Masseneibad
Stolpener Straße 100 | 01900 Großröhrsdorf | Telefon 035952 32925
www.grossroehrsdorf.de

Ein Schloss aus Luft

Das Schloss in **Großsedlitz** bei Heidenau ist das Unvollendete. August der Starke wollte hier ein Höhenschloss bauen.

36

Den Barockgarten Großsedlitz dürfte es gar nicht geben. Schon als Anfang des 18. Jahrhunderts die ersten Pläne entstanden, sollte er mindestens so schön werden wie Versailles. Die Gärten des französischen Landschaftsgestalters André Le Nôtre galten als Vorbild. Doch der Gartenarchitekt Ludwigs XIV. hatte nie einen Park zwischen Hügeln vorgesehen. Er riet vielmehr seinen Nachfolgern, Berge zu meiden, denn nur in der Ebene könne majestätische Wirkung erzielt werden. Großsedlitz schien gänzlich ungeeignet für einen Barockgarten.

Ursprünglich gehörte das Grundstück dem Reichsgrafen August Christoph von Wackerbarth. Zwischen 1719 und 1723 ließ er sich dort seinen Alterssitz mit Orangerie erbauen, aber kaum fertig, gelangten Haus und Garten in den Besitz Augusts des Starken. Der Neubau war einfach zu schön. Der sächsische Kurfürst plante noch Größeres, wollte ein Luftschloss, gebaut wie ein Kastell, einen riesigen Park auf der ganzen Anhöhe, einen Lustgarten für höfische Feste. Deshalb sollten die von Baumeister Knöffel erbaute Obere Orangerie beseitigt und die Hauptachse des Parks nach Osten verschoben werden. 1728 verbrannten die Pläne. Außerdem ging das Geld aus. Als Unvollendete blieb die Anlage stehen, bis es keinen mehr interessierte. Ab 1750 verfiel sie. 1756 kamen die Preußen, zerschlugen die Wasserkünste, benutzten die übrig gebliebenen Statuen als Zielscheibe. Napoleons Soldaten wüteten reichlich 60 Jahre später erneut in den Überbleibseln des Luftschlosses. 1871 ließ das Königshaus den verbliebenen hinfälligen Baukörper des Schlosses abreißen. Eigentlich dürfte es Großsedlitz gar nicht geben.

Doch nach 1872 entsann sich König Johann des schönen Geländes, ließ ein zweigeschossiges Neues Schloss an der Stelle des ursprünglichen Ostflügels bauen und nannte es Friedrichschlösschen. Die alte Eleganz des Parks wurde wiederbelebt. Den einstigen Erbauern war, entgegen allen Voraussagen, etwas Ungewöhnliches gelungen. Großsedlitz ist ein Park der Treppen, Rampen, Fontänen und Kaskaden. Die schönste Treppenanlage, die »Stille Musik« gegenüber der unteren Orangerie, geht vermutlich auf Pöppelmann zurück. Heute noch sind 64 Sandsteinfiguren zu bewundern, ein großer Teil davon stammt vom Hofbildhauer Johann Christian Kirchner. Von Großsedlitz aus tritt der Besucher durch ein Tor, das 1960 vom Vorhof des alten Landhauses in Dresden, des heutigen Stadtmuseums, hierher umgesetzt wurde. Schön, dass es Großsedlitz gibt.

< 82 | 83 >

Großsedlitz

Staatliche Schlösser, Burgen und Gärten Sachsen | Barockgarten Großsedlitz
Parkstraße 85 | 01809 Heidenau | Telefon 03529 5639-12
www.barockgarten-grosssedlitz.de

Es blüht und blüht und blüht

*In **Grüngräbchen** blühen scheinbar unendlich viele Rhododendren. Gärtnermeister Seidel züchtete schon vor 200 Jahren die Rosenbäume für den sächsischen König.*

37

Kiefern, Moor, Sand, Wiesen, Teiche – so liegt die Landschaft in der Ebene. Im Mai grünen sich die Pflanzen ihr Leben aus den Ästen. Es hört sich an wie ein Schrei: Seht her, wir leben. Zwischen diesem Wald und den Wiesen liegt an einer Kreuzung der Ort Grüngräbchen. Ein Graben voller Grün. Die Gräbchen sind Teiche, sie liegen ringsum. Der Schwanenteich, der Lange Teich, der große Lug-Teich, der Schwarzteich, der Mühlteich. Verbunden sind sie mit Wegen. Die heißen Grüner Weg, Gärtnereiweg oder Blumenstraße. Hinter den Zäunen der kleinen Gärten leuchten unendlich bunte Blütenmeere, gerade so, als wäre jeder Einwohner ein Gärtner. Jedenfalls waren sie alle einmal Bauern, denn seit dem 13. Jahrhundert siedelten an diesem Ort ihre sorbischen Vorfahren und schufteten für das hier ansässige Rittergut. Noch heute sagen Sachsen, wenn sie hart arbeiten, dass sie rabotten. Der Begriff stammt aus dieser Gegend, aus dem Slawischen. Robote hieß der harte Hofdienst, den die Bauern zu verrichten hatten. Später entstand daraus auch der Name des Roboters.

Diese Landschaft versprach schon immer Fruchtbarkeit. Die Getreidekammer Sachsens, wenn auch mehrfach in den Jahrhunderten enorme Trockenheit die Ernten schmälerte oder harte Winter Sträucher oder Bäume erfrieren ließen.

Wer dem Gärtnereiweg folgt, kommt auf den Sandweg, und dann plötzlich eröffnet sich ein Rhododendronhain, den man überall, nur nicht hier vermutet hätte. Die Rosenbäume leuchten ein Lächeln auf die Seele. 400 verschiedene Sorten wachsen auf fünf Hektar aus dem Boden, einer herrlicher als der andere. Ganz junge Pflanzen messen sich mit drei Meter hohen Büschen. Eine Lust, hier zu wandeln. Christian Schröder ist der Besitzer dieses Gartens. Seit 1986 führt er in der siebten Generation den Betrieb, der nach jener Familie benannt ist, die ihn vor über 200 Jahren begann. Johann Heinrich Seidel, geboren 1744, ist der Urvater dieses Unternehmens. Er arbeitete einst als königlicher Hofgärtner im Herzogingarten in Dresden. Dort besuchte ihn erstmals 1794 Johann Wolfgang Goethe. Er kam damals nicht als Dichter zu Seidel, sondern als Naturforscher. Die beiden befreundeten sich miteinander. Die Seidels gründeten später in Dresden-Laubegast einen eigenen Betrieb, der bestens lief, und 1897 kauften sie das alte Rittergut in Grüngräbchen. Seitdem blüht es hier. Und blüht und blüht und blüht. Das Moor und die Heide sind ideal für den Rhododendron. Im Mai darf man diese Pracht nicht verpassen.

Grüngräbchen

T. J. Rud. Seidel | Rhododendronkulturen
Rudolf-Seidel-Straße 1 | 01936 Schwepnitz OT Grüngräbchen | Telefon 035797 73542
www.baumschule-seidel.de

Das Schloss des Diplomaten

Unscheinbar neben
der Autobahn residiert
Schloss **Hermsdorf**.
Für einen Spaziergang
zwischen Seen und
Feldern ist es bestens
geeignet.

38

Ein Teich, Kanäle und ein Schloss. All das zeigt sich unvermutet hinter der Autobahn am Abzweig Hermsdorf. Tausendmal passiert, aber nie abgebogen. Doch jenseits der Schallschutzmauer verbirgt sich ein verwunschenes Kleinod, das Jahrhunderte überlebte.

Seine Schönheit kann erahnen, wer dem Weg um den kleinen See folgt, wer sieht, wie die Kanäle durch den Park Wasser führen; für das Boot steht eine geflutete Garage bereit. Die Große Röder speist das Idyll. Rundtürme mit dicken Mauern begrenzen das Schloss, das seit Mitte des 15. Jahrhunderts als Vorwerk bestand, sich zum Rittergut mauserte und 1461 vom meißnischen Uradel derer von Carlowitz übernommen wurde. Sie bauten im Laufe der Zeit die Burg zum Schloss um und lebten hier gut 125 Jahre. Die Familie spann im sächsischen Land ihre Netzwerke. Zu besonders großem Einfluss gelangten im 15. und 16. Jahrhundert Georg von Carlowitz und sein Neffe Christoph als Räte der sächsischen Herzöge und Kurfürsten. Auch das Amt des sächsischen Oberforstmeisters bekleideten die von Carlowitz über mehrere Generationen. Der sächsische Oberberghauptmann Hans Carl von Carlowitz hat dann 1713 in seinem Buch Sylvicultura oeconomica als Erster den Begriff der Nachhaltigkeit geprägt. Er meinte, dass der, aber nur der, welcher den Wald pflegt und immer wieder aufforstet, langfristig auch ernten kann. Alles andere sei Raubbau und nehme dem Menschen seine eigene Grundlage. Ein weitsichtiger Sachse, der leider bis heute zu wenig ernst genommen wird.

Das Schloss geriet später in andere Hände, aber der beeindruckende Rittersaal und die Kapelle blieben erhalten, wurden ab den 1980er-Jahren saniert und erstrahlen seit Mitte der 1990er-Jahre in altem Glanz. Der Besucher sollte sich von der äußerlichen Schlichtheit des Anwesens nicht täuschen lassen, im Inneren erschließen sich wundervolle Räume. Da finden Veranstaltungen wie ein Mittelalterspektakel statt, es wird geheiratet, und der Park mit Streuobstwiesen und historischem Baumbestand wirkt beim Spazieren wie Meditation. Wege führen weiter nach Ottendorf-Okrilla oder Weixdorf oder Grünberg. Den dorfähnlichen Gemeinden geht jedoch leider langsam der Charakter aus. Es gibt viele Grünorte in Sachsen, so wie Stützengrün oder Rittersgrün und eben Grünberg unweit von Hermsdorf. Dresden wächst aus seinen Grenzen und nimmt das Umland ein. Jetzt ist die Zeit, hinzufahren und die letzte Ursprünglichkeit zu erleben. Sie vergeht immer mehr.

Hermsdorf

Landschloss Hermsdorf
Büroanschrif: Sandweg 11 | 01458 Hermsdorf | Telefon 035205 71646
www.schloss-hermsdorf.com

Am kühlen nassen Ende Deutschlands

Unterhalb der massiven Sandsteinfelsen schippert ein Kahn durch die Schleuse unweit von **Hinterhermsdorf.** 20 Minuten dauert die Fahrt bis zur Staumauer.

Hier ist das Ende. Manch einer ersehnt es, andere scheuen den Weg dahin. An dieser Stelle kann man erahnen, was es bedeutet, wenn es nicht weiter geht. Denn Hinterhermsdorf ist schon ganz hinten, da kommt man nicht mehr dahinter, es sei denn, man will Deutschland verlassen. Das erste Ziel für diesen Weg in Hinterhermsdorf ist die Buchenparkhalle. Bis dahin gelangt der eilige Besucher mit dem Auto. Danach sind es 45 Minuten Weg bis zur Grenze. Wer keine Lust zum Laufen hat, kleine Kinder oder nicht mehr gut zu Fuß ist, für den stehen Kutschen samt Pferden bereit. Der Weg führt an Kleingärten vorbei, und ein Hauch von Neid springt über den Gartenzaun. Denn wer hier seine Möhren anpflanzt, muss nicht mehr an Bio denken, der hat, was er braucht. Weiter geht es durch einen dichten Wald. Wie Regenwald bedecken Bäume bis zum Horizont Gipfel, Kamine, Risse, Felsbänder, Überhänge und Schluchten. Schon auf den ersten Metern verliert der Wanderer die Zeit, und der Atem ändert sich. Die feucht geschwängerte Luft fächelt von den Felsbändern und Rinnsalen Kühle zu. Im hitzigen Sommer eine Wohltat.

Das Wandern fällt leicht, denn die Strecke geht nach unten. Trügerisch für alle, die nicht daran denken, dass sie wieder zurückmüssen. Stufen führen abwärts, immer weiter. Da ist mal ein Abzweig zum Zschand für jene, die den Tag durchlaufen wollen. Der Zschand klammert sich klein und groß um den Großen Winterberg und bildet so die längste Felsenschlucht des Bergmassivs. Jene mächtigen Sandmassen, die, abgelagert, gepresst, emporgehoben, zerklüftet, gespalten, geschliffen von Wind und Wasser, zum Modell eines Hochgebirges wurden und an dieser Stelle ihre ganze Faszination ausspielen. Der kürzere Weg ist der zur Oberen Schleuse, die ein besonderes Abenteuer bietet. Bis 1964 wurde hier an der deutsch-tschechischen Grenze entlang Holz geflößt, danach siegte der Tourismus über die Forstwirtschaft. Das Abenteuer ist eine Bootsfahrt durch die Steinschlucht. Rechts und links erkennt man nicht nur Felsen, sondern allerhand Fantasiegetier. An einer Stelle hält ein Elefant seinen Rüssel in die Fluten. Die Kirnitzsch trägt den Kahn 20 Minuten bis zur Staumauer. Jede Minute lohnt sich. Wie im Spreewald staken die Bootsführer die Gäste über das ein Meter tiefe Wasser, das hier nie wärmer wird als acht Grad. Am Ende geht es doch weiter, entweder durch steile Felsen oder ganz gemütlich einen breiten Wanderweg entlang.

Hinterhermsdorf

Obere Schleuse | Kirnitzschklamm, Kirnitzschtal
Touristinfo Hinterhermsdorf | Telefon 035974 5210
www.hinterhermsdorf.de

Tri, tra, trullala –
Kasperle ist wieder da

Der Kasper hängt als
Wetterfahne auf dem
Puppentheater in
Hohnstein. Seit März 2013
ist die traditionsreiche
Bühne wieder offen.

40

Ein Spaßvogel, ein Hanswurst, ein Clown geht um in Hohnstein. Einer, der Theater macht, der seine Nase in Dinge steckt, die ihn nichts angehen, der in Schleswig-Holstein oder Niedersachen bekannter ist als in Sachsen, der 1936 zur Weltausstellung in Paris eine Goldmedaille bekam, im Westfernsehen der 1960er-Jahre Kinder unterhielt und dessen Erfinder in der DDR fast vergessen wurde. Seine Wege waren schon immer mit Fettnäpfen gepflastert.

Der Kasper lässt sich im Rampenlicht vom Krokodil den Hintern versohlen, und Kinder lachen sich schlapp darüber. So ist es heute, so war es einst. Sein Erfinder heißt Max Jacob, er ist der Vater des modernen Handpuppenspiels. Jacob kam 1928 mit seinem Holzkopf aus dem Erzgebirge auf die Hohnsteiner Burg, ließ dort im Kaspertheater seinen Helden Abenteuer erleben und die Bratpfanne schwingen. 1938 bekam er ein eigenes Theater, das Puppenspielhaus. Doch das ging unter. Das lang gestreckte Gebäude mit kleinem Türmchen und Kasperwetterfahne hatte ursprünglich in Dresden auf der Gartenbauausstellung gestanden.

Nach dem Krieg kehrte der Puppenspieler nicht nach Hohnstein zurück, er ging nach Hamburg. Lange verfolgte ihn der Verdacht, er habe für die Nazis die Puppen tanzen lassen. Dabei forderten die ihn auf, die lange Nase seines Kaspers zu kürzen, weil sie ihnen jüddisch erschien. Jakob weigerte sich, diesen Unsinn mitzumachen, reiste später jahrelang an die Schützengräben des Zweiten Weltkrieges, um die Soldaten der Wehrmacht zu bespaßen. Kasperei an der Front. Der Puppenspieler verschwieg das nie, aber die DDR-Oberen ihn. Nach 1990 stand das Kasperhaus vor dem Abriss. Räuber, Seppel, Gretel, Großmutter, Teufel oder König blieben jedoch eine ungebrochene Tradition in Hohnstein. Denn Jacobs Puppenkopfschnitzer Gerhard Berger verließ nie die Burgstadt. Er schnitzte Tausende von Köpfen. Auch ein Puppenspielfest findet seit 1985 jedes Jahr in Hohnstein statt, der Traditionsverein Hohnsteiner Kasper richtete ein kleines, aber feines Museum ein. Nur das Puppenspielhaus gammelte vor sich hin.

Seit Frühjahr 2013 hat der Kasper endlich seine altehrwürdige Bühne wieder. Drängen, Betteln, Hoffen, unduldsames Nachfragen enthusiastischer Hohnsteiner führten zum Erfolg. Am Hang steht unscheinbar das Puppenspielhaus, das Dach mit Holzschindeln bebrettet, die Fassade noch grau, aber innen leuchtet es bunt, und auf der Bühne lockt das Kasperletheater. Tri, tra, trullala.

< 90 | 91 >

Hohnstein

Hohnsteiner Puppenspielhaus
Waldstr. 10 | 01848 Hohnstein | Telefon 035975 80145
www.verein-hohnsteiner-kasper.de

Der Junge wollte doch nur spielen

Kamenz ist die Geburtsstadt von Gotthold Ephraim Lessing. Das Museum bewahrt und fördert das Werk des Dichters.

41

Der Junge wollte spielen. Aber der Vater verbot es. Und mit dem Alten war nicht zu spaßen. Gern nutzte der Erziehungsberechtigte den Satan als Autoritätsargument. Im Kamenz der 1730er-Jahre nahmen Kinder derlei teuflische Pädagogik noch ernst. Gotthold Ephraim durfte in der Schule also nicht dabei sein, als der Lehrer ein Theaterstück inszenierte. Er saß auf der Bank, während seine Kameraden in Rollen schlüpften.

Vielleicht war dieser Augenblick des Nicht-dabei-sein-Dürfens für Lessing ein entscheidendes Erlebnis. Er wünschte sich einen weisen Vater, einen, der die Religion nicht als Dogma sah, einen, der Gott nicht zum Erpresser kleiner Seelen werden ließ, sondern zum Anstifter freier Gedanken. Der Junge war schlau genug, sich seinen Teil zu denken. Und immer lernte er. Erst in der Kamenzer Lateinschule, dann in der Fürstenschule St. Afra in Meißen, später in Leipzig und Berlin. Und immer suchte er das Theater, die Komödie brachte ihm das Leben. Er wollte nicht nur glauben, er wollte verstehen, aufklären, was dahintersteckte. Der Vater verbot ihm auch das. Der Student hatte nicht den Komödianten zu huldigen. Lessing ging nicht mehr nach Kamenz, nicht mehr in die Provinz des elterlichen Kleingeistes. Er schuf seine eigenen Dramen, die sich gegen die Engstirnigkeit wehrten. Er forderte Toleranz, er empfand Lust am Spielen und setzte Vernunft gegen das abgöttische Regelwerk.

Die Kamenzer setzten dem Dichter dafür viel später ein Denkmal. Sie stifteten zu seinem 200. Geburtstag ein Haus, das 1931 anlässlich seines 150. Todestages eingeweiht werden konnte. Dies ist ein schlichter Bau, fast wie eine Filiale der Post, als die noch staatlich war. Und tatsächlich ist gleich um die Ecke die Poststraße. Da provoziert nichts, und der Park um das Haus herum kuschelt sich lieblich an das Gebäude. Dort befinden sich im Erdgeschoss das Lessingmuseum und im ersten Stock die Stadt-Bibliothek. 5 000 Bücher, 700 Kunstgegenstände, 950 Sammlungsmappen liegen im Fundus. Das Museum erzählt vom Alltag, von den Werken des Dichters und erhält ihn am Leben. Jedes Jahr fordert es beispielsweise junge Menschen auf, ihre Geschichten zu schreiben, ihre Erlebnisse, ihre Gegenwehr, Provokationen und Hoffnungen. Aber es setzt dafür strenge Regeln, die ebenfalls mal gebrochen werden müssten, weil jene, die rebellieren und Ungewöhnliches schreiben, schnell aussortiert werden. Die Jungen wollen doch nur spielen.

Kamenz

Lessingmuseum
Lessingplatz 1–3 | 01917 Kamenz | Telefon 035783 79111
www.lessingmuseum.de

Und sie dreht sich doch

Angeblich vom Winde verweht, trotzt die Mühle in **Kottmarsdorf** Wind und Wetter. Sie ist die letzte ihrer Art im einstigen Mühlendorf.

42

Ein Wirbelsturm tobt direkt auf die Mühle zu. Jetzt packt er sie, sprengt das Gebäude, schleudert Holzbretter durch die Luft. Danach gibt es die Mühle in Kottmarsdorf nicht mehr. Neben den Trümmern steht eine Gaststätte, völlig unversehrt, nicht mal ein Dachziegel flog davon. Die Wirtin erklärt im Interview, sie hoffe auf Hilfe. Die Kottmarsdorfer werden wütend, wenn sie einer darauf anspricht, wo denn die verschwundene Mühle sei. Denn wenn die weggeflogen wäre, würde es hier keine einzige mehr geben. Aber Kottmarsdorf sei ein Mühlendorf, wo es bis ins 19. Jahrhundert drei der schönsten Flügelhäuser gab. Hier weht immer ein schönes Lüftchen, doch einen Orkan hätte es noch nie gegeben.

Die Mühle stand immer da, wo sie noch heute steht. Und das seit 1843. Exakt 100 Jahre lang ließen Bäcker hier ihr Korn mahlen. Verflucht sei, wer die Mühle wegblasen lässt. Allerdings kann jeder sehen, wie sie vom Winde verweht wird. Bei Youtube zeigt ein Film die Katastrophe, die Ende März 2010 stattgefunden haben soll. Ein billiger Aprilscherz, sagen die Kottmarsdorfer, ein Gag des werbewütigen Pächters, der mit allen Mitteln auf sich aufmerksam machen wollte.

Im Mai 2013 feierte das Mahlbauwerk seinen 170. Geburtstag. Von Altersschwäche oder Schwindsüchtigkeit keine Spur. Kraftvoll zogen Pferde die Holzkonstruktion um die eigene Achse, denn die Flügel müssen ja im Wind stehen. Alle fünf Jahre findet auf dem 435 Meter hohen Hügel zwischen Neugersdorf und Löbau das Mühlenfest statt. Ein weit über die Grenzen der Oberlausitz bekanntes Spektakel, bei dem Eibauer Bier in Strömen fließt. Gebacken wird außerdem Brot wie zu Omas Zeiten. Beim Essen schaut der Gast ins Zittauer Gebirge.

Vom Pfarrberg aus führt ein Mühlenweg zur 100-jährigen Rosskastanie, weiter zur Ebersbacher Straße, wo in einem Garten die Kottmarsdorfer Mühle mit Müllerhaus als funktionstüchtiges Modell steht. Noch ein Stück weiter befindet sich eines der wenigen erhalten gebliebenen Umgebindehäuser der Gemeinde, und dann folgt der 427 Meter hohe Mühlenberg. Allerdings ohne Mühle, denn das Müllerhaus ging 1925 nach einer Brandstiftung in den Flammen unter. Und das ist keine Lüge. Der Beweis wäre hier, dass von dieser Katastrophe kein Youtube-Film existiert. Vielmehr reicht von diesem Berg der Blick bis in die Böhmische Schweiz und bis zum Unger in der Nähe von Sebnitz. Die Kottmarsdorfer vertrauen ihren eigenen Augen. Damit sahen sie immer gut durch.

< 94 | 95 >

Kottmarsdorf

Natur- und Heimatfreunde Kottmarsdorf e. V.
Obercunnersdorfer Straße 8 | 02708 Kottmar OT Kottmarsdorf | Telefon 035875 62395
www.kottmarsdorf.de/muehle

Die Rekorde
der Seebühne

Wie ein Softeis auf
der Waffel hockt Burg
Kriebstein über der
Zschopau. Nur wenige
hundert Meter entfernt
befindet sich die Tal-
sperre samt Seebühne.

43

Die Bühne schwimmt, Schauspieler paddeln, die Zuschauer schließen Wetten ab, wer untergeht. Aber weder Peter Pan noch die Schunkelbarden aus dem Weißen Rössl soffen ab. Sie begeisterten vielmehr das Publikum. Denn auf der Talsperre Kriebstein befindet sich die einzige Seebühne Sachsens. Bravo! Seit 2008 lädt die Wasserarena zum Freiluftspektakel. Und während das Ensemble des Mittelsächsischen Theaters auf den schwankenden Brettern spielt, sitzt das Publikum sicher an Land und lauscht den Programmen.

Seit Anfang des 20. Jahrhunderts steht die Talsperrenmauer, auf der einen Seite thront Schloss Ehrenberg, gegenüber auf einem schroffen Felsen vor Kriebethal die Burg Kriebstein. Die hockt wie ein Softeis auf der Waffel, hoch gewachsen über der Zschopau, wagemutig, als würde sie jeden Moment abrutschen. Aber sie rutscht nicht, seit 1400 nicht. Sie gilt als schönste Ritterburg Sachsens, nicht zuletzt, weil ihre Besitzer sie stets pfleglich behandelten und sanierten, wann immer es nötig schien. Bravissimo.

Doch viel mehr als die Burg und das Schloss hatte die Gegend nicht zu bieten. Bis die Talsperre kam. 1927 startete der Bau, zwei Jahre später war er fertig. Burg und Kunstsee ergänzen sich seitdem, als wäre es schon immer so gewesen. Die Talsperre ist gleichzeitig das größte Wasserkraftwerk Sachsens. Bestens!

Auf den Wellen tobt aber nicht nur ein Akt nach dem anderen, sondern hier wird geschwommen, kann mit Booten gefahren werden, und am Rande klettern mutige Besucher in die Bäume oder hängen in den Seilen. Ein Freizeitpark zwischen mittelalterlicher Schönheit und modernem Motorbootrennen, das einmal im Jahr stattfindet. 1965, 1967 und 1968 starteten hier sogar Europameisterschaften, 1970 eine Weltmeisterschaft. 2012 und 2013 folgten weitere weltmeisterliche Rennen. Bomforzionös!

Der Motorbootwettbewerb ist eines der wenigen Sportereignisse, das die Ruhe in dem Tal stört. Am Campingplatz herrscht sonst Stille, und die Talsperre liegt den Zeltfreunden zu Füßen, Anleger für die Fahrgastschiffe inklusive. Eine Idylle mit Bootsverleih, Imbiss und Restaurants. Und wer hier segeln will, lässt seine Jolle zu Wasser und wartet auf den Wind. Irgendwann weht er ins Tal und bläht die Segel. Dann kann jeder seinen persönlichen Rekord aufstellen, mit wie viel Knoten er die 132 Hektar große Wasserfläche kreuzt. Da capo!

< 96 | 97 >

Kriebstein

Zweckverband Kriebsteintalsperre
An der Talsperre 1 | 09648 Kriebstein | Telefon 034327 93153
www.kriebsteintalsperre.de

Zusammen lesen, was zusammengehört

*Einem dicken Buch gleicht der moderne Anbau an der Deutschen Bücherei in **Leipzig**. Sämtliche Druckwerke Deutschlands werden hier seit 1912 gesammelt.*

44

Bücher und Sachsen gehören zusammen. Sie haben Leipzig zur Stadt des deutschen Buchhandels gemacht, sie schenkten den Deutschen die Verlage, die heute keiner mehr mit Sachsen in Verbindung bringt, weil sie nach dem Krieg in den Westen zogen oder Verlage sind, die in der DDR existierten und nach 1990 von solchen aus den alten Bundesländern aufgekauft wurden. Knaur, Köhler, Diederichs, Oldenbourg und Reclam. Reclam ist der erste und bekannteste Taschenbuch-Sachse, der Sachse Göschen tat es ihm gleich. Lange bevor andere aus dünnen Büchern dicke Geschäfte machten. Sachsen machten auch als Erste mit dicken Büchern dicke Geschäfte, mit Lexika. Brockhaus und Meyer sind Sachsen, Kürschner auch, der nicht alles, sondern nur Dichter und Professoren sammelte.

Sammeln gehört zur Leidenschaft der Sachsen. Um alle deutschen Bücher in einer Bibliothek zusammenzufassen, gründeten sie mit dem Börsenverein des Deutschen Buchhandels 1912 in Leipzig die Deutsche Bücherei. Aber auch da funkte die Geschichte dazwischen. 1947 entstand im geteilten Deutschland noch eine zweite deutsche Bücherei, die Deutsche Bibliothek in Frankfurt am Main. Als das Land wieder zusammenkam, kam auch zusammen, was alle zusammen lesen. Seit 2006 gibt es in Leipzig und Frankfurt wieder eine gemeinsame Deutsche Nationalbibliothek, mit 17 Millionen Büchern und anderen Medien ist sie die größte Europas.

Am Deutschen Platz 1 lagern die Bände. Als der erste Bau einstmals eingeweiht wurde, meinte dessen Architekt Oskar Pusch, es würden wohl im kommenden Jahrhundert noch zwei weitere Bauten nötig werden, um alles deutsche Schriftgut unterbringen zu können. Irrtum. 2011 wurde der vierte Erweiterungsbau eingeweiht. 300 000 Publikationen erscheinen jährlich in Deutschland, Tag für Tag füllen die Mitarbeiter der Bibliothek zwanzig Regalmeter mit neuer Ware. Schon 1977 war die dritte Erweiterung nötig geworden, 55 Meter hoch, zwei Bücherbetontürme. Bunker des kollektiven Gedächtnisses. Der vierte Neubau gleicht einem liegenden Buch, aus dem die Rücken seiner kleinen Geschwister ragen. Drei Viertel des Neubaus sind Magazinräume. Den Rest der 14 000 Quadratmeter teilen sich das bisher im Altbau ansässige Deutsche Buch- und Schriftmuseum und das von Berlin nach Leipzig verlegte Deutsche Musikarchiv. Und natürlich kann man das Haus auch lesen. Im altehrwürdigen Lesesaal. Bitte Ruhe. Und nicht zu lange den Platz verlassen, sonst ist er weg.

< 98 | 99 >

Leipzig

Deutsche Nationalbibliothek
Deutscher Platz 1 | 04103 Leipzig | Telefon 0341 2271-0
www.dnb.de

Die spinnen, die Leipziger

Einst Zentrum der Garn-
wollspinnerei bietet das
Areal in **Leipzig** heute
jungen Künstlern eine
Heimat. Hier befindet
sich neben anderen die
Galerie von Neo Rauch.

45

Es gibt einen Ort in Leipzig, nach dem sich viele Dresdner sehnen: ein Spinnwerk, eine Kreativfabrik. Die Residenzstadt quält sich mit zeitgenössischer Kunst, obwohl an der Kunsthochschule junge Maler ausgebildet werden. Der Elbestadt klebt Etablierungsgehabe wie Kaugummi auf dem Herzen. Leipziger dagegen haben sich noch nie darum gekümmert, was andere über sie denken. Sie dachten sich stets ihren Teil. Daran hat sich nichts geändert. Besonders nicht im Stadtteil Plagwitz. Hier fällt der Putz von den Mietshäusern und rülpst der Suffkopp vor dem Spätverkauf seine Ladung Zuviel über den Bürgersteig. Das Leben kann so bitter und zugleich so anders sein. Denn genau hier, wo seit dem 19. Jahrhundert das Proletariat die Norm abschuftete und um seine Rechte kämpfte, entstand ein großes Kunstwerk, die alte Spinnerei. 1884 pflanzten Unternehmer eine Fabrik in den trockengelegten Sumpf und produzierten Garne. Die Maschinen hackten unerbittlich ihren Rhythmus, der Akkord forderte gnadenlos die Tagesration Kraft. 1989 arbeiteten in dem VEB noch 1650 Mitarbeiter, 80 Prozent Mitarbeiterinnen. In diesem Betrieb herrschte aber keinesfalls feminine Schönheit, sondern Fleiß und Schweiß. Unzufriedenheit lag in der Luft, denn längst nagte die sozialistische Produktion an der Substanz.

Die Revolution begann nicht von ungefähr in Leipzig, aber die Garnspinnerinnen ahnten nicht, was ihrer Rebellion folgte. Der volkseigene Betrieb ging ein, die Frauen verloren ihre Arbeitsplätze. In den 20 Gebäuden mit ihren 100 000 Quadratmetern Fläche arbeiteten 2004 noch 40 Menschen. Dann war Schluss. Und es wäre vermutlich das Ende gewesen, wenn nicht inzwischen Leipziger einfach weiter gesponnen hätten, sie machten aus der Not eine Jugend. Die setzte sich in die leeren Hallen und malte Bilder, baute merkwürdige Konstruktionen und nannte es Kunst. Der neue Besitzer hatte nichts dagegen, denn er konnte mit dem Werk sowieso nichts anfangen. Aber Werke eines Neo Rauch ließen sich längst gut verkaufen. Der Galerist Judy Lybke gehörte zu jenen Bilderstürmern, die schon zu DDR-Zeiten Kunst mehr mochten als den künstlichen Sozialismus. Da stand er nackt in der Kunsthochschule und ließ sich malen. So lernte er all die Studenten kennen, die er später weltweit vermarktete. Die Künstler kamen in die Spinnerei, sie brauchten Ateliers und eine Umgebung, die sie inspirierte. Damals ein Geheimtipp, lebt jetzt hier eine freien Kunststadt voller Ideen und Zukunft.

< 100 | 101 >

Leipzig

Leipziger Baumwollspinnerei
Spinnereistraße 7 | 04179 Leipzig | Telefon 0341 4980200
www.spinnerei.de

Der Ort
der Symbole

Das alte Universitätsgebäude in **Leipzig** war 1972 das höchste Haus in Deutschland. Heute residiert hier beispielsweise das MDR-Orchester.

46

Karl Marx verschwand. Die Leipziger Universität gab nach der Revolution 1989 den Namen ab, dann wurde der Karl-Marx-Platz wieder in Augustusplatz umbenannt, und 2006 fiel das Marx-Relief. Aufbruch kam zum Abbruch. Das Philosophen-Konterfei prangte seit 1973 über dem Universitätseingang. Wenn Studenten zum Rektor wollten, mussten sie dort durch. Meistens wollten sie nicht. Bevor Marx verschwand, war Jahre zuvor schon das Paulinum verschwunden. Jetzt ist es wieder da, wenn auch ganz anders. Das Marx-Relief steht derweil auf der Jahn-Allee vor dem sportwissenschaftlichen Institut. Symbole zeigen den Lauf der Geschichte.

Das Paulinum gehörte einst zur Alma mater Lipsiensis, der Universität Leipzig. Ein Auditorium maximum, Promotionsort und Platz für Gottesdienste. Die einstige Klosterkirche wurde schon 1240 geweiht, im Laufe der Zeit umgebaut, sie überstand Kriege, aber nicht den Gestaltungswahn Walter Ulbrichts. Der gebürtige Leipziger ließ 1968 das Gotteshaus in die Luft sprengen. Widerstand war zwecklos. Es wuchs auf den Fundamenten der ältesten Universität Deutschlands eine sozialistische Bildungsstätte, die den Namen Karl Marx trug, ertrug.

Das Universitätshochhaus überragte mit seinen 142 Metern bald alles. Als es 1972 eröffnet wurde, feierten die SED-Funktionäre es als das höchste Gebäude Deutschlands. Wie ein aufgeschlagenes Buch sollte es wirken und den Nachwuchswissenschaftlern Welten eröffnen. Leider waren die ziemlich einseitig, der universitäre Gedanke verharrte in der marxistischen Weltanschauung. Allerdings reichte die offensichtlich dazu, die Welt nicht nur zu erdulden, sondern neu zu gestalten. Der Protest fand zwischen Nikolaikirche und dem Ring statt, nur wenige Schritte vom Marx-Relief entfernt. Auch das war nicht zufällig, sondern symbolisch.

Genau wie der Besitzerwechsel des Weisheitszahns, wie Studenten das Uni-Hochhaus auch nannten. Der Freistaat Sachsen verkaufte es, und inzwischen gehört es der US-Investmentbank Merrill Lynch. Mieter sind unter anderem die Leipziger Tourismus und Marketing GmbH, der MDR und das Panorama-Restaurant »Panorama Tower – Plate of Art« in 110 Metern Höhe in der 29. Etage. Seit März 2008 hat die Europäische Strom- und Energiebörse EEX hier ihren Hauptsitz. Nichts ist mehr, wie es war. Nur nebenan feiern Studenten nach wie vor in der Moritzbastei ihre Feste und befassen sich schon wieder mit Marx, denn der durchschaute den Kapitalismus.

< 102 | 103 >

Leipzig

Panorama Tower – Plate of Art
Augustusplatz 9 | 04109 Leipzig | Telefon 0341 7100590
www.panorama-leipzig.de

Das Geheimnis des Denkmals

47

Das Völkerschlacht-denkmal in Leipzig ist nicht nur ein mystischer Ort, sondern angeblich zugleich ein Bauwerk der Freimaurer.

Sachsen sind für viele nicht einfach zu verstehen. Wer kann schon begreifen, dass sie sich für ihre größte Niederlage das gigantischste Denkmal des Landes bauten: den Koloss von Leipzig. 1813 tobte zwischen Lützen, Bautzen, Görlitz, Dresden und der Messestadt der napoleonische Krieg. An jener Stelle, wo heute das Denkmal 91 Meter in den Himmel ragt, verloren die Sachsen an der Seite Napoleons erst die Völkerschlacht und dann die Hälfte des Landes samt Einwohnern. Danach fand Sachsen nie wieder zu seiner alten Bedeutung zurück.

100 Jahre nach dieser bitteren Niederlage entstand der archaisch anmutende Steinblock. Doch wer genau hinsieht, versteht, was die Erbauer wirklich wollten. Es ist keine Siegessäule, sondern der Tempel des Grals. Das jedenfalls behaupten die Freimaurer. Und schon zur Eröffnung gab es einen Eklat. Denn einen Tag bevor Kaiser Wilhelm II. zur Eröffnung kam, hatten bereits 600 Freimaurer das Denkmal heimlich geweiht.

Der einstmals beauftragte Architekt Bruno Schmitz lebte die Freimaurerei, und der Baumeister Clemens Thieme war Mitglied einer der drei Leipziger Logen, die seine hieß Apollo. Die Mitglieder aus ganz Europa sammelten jahrelang Spenden für den Bau, sechs Millionen Goldmark insgesamt. Thieme projektierte ihnen bis zum Schlussstein den Weg der Erkenntnis nach dem Vorbild ägyptischer Tempel. Das gesamte Gelände ließ er als sakralen Bezirk abstecken. Es geht los mit der mystischen Zahl 26, die sich schon in der Anzahl der Stufen vom großen Wasserbecken bis zum ersten Plateau findet. In der eingebauten Krypta treffen sich noch heute die Freimaurer zu ihren rituellen Versammlungen. Im Inneren öffnet sich die Ruhmeshalle, so groß wie die Thomaskirche. Links und rechts stehen dort vier Steinriesen, einer hält zwischen den Beinen ein totes Mädchen. Das ist die Opferbereitschaft, eine der vier Tugenden der Freimaurer. Symbole einer Schlacht fehlen völlig. In der Kuppel sieht der Betrachter lebensgroße Reiter, die ein Heer sein könnten, aber es sind 324 Männer, die heimkehren. Sie symbolisieren sittliches Handeln, genau wie die Freimaurer. Sie fangen das Licht.

Heute gehört das Denkmal einer Stiftung, die es schaffte, Gelder für die Sanierung zu organisieren – 30 Millionen Euro. Der Freistaat Sachsen gab Gelder dazu. Nicht jeder kann das verstehen, aber zum 200. Jubiläum der Völkerschlacht sieht das Denkmal wie neu aus.

Leipzig

Völkerschlachtdenkmal
Straße des 18. Oktober 100 | 04299 Leipzig | Telefon 0341 2416870
www.stadtgeschichtliches-museum-leipzig.de

Ein Felsen
zum Schwärmen

Der **Lilienstein** ist das Symbol des Nationalparkes Sächsische Schweiz. Mit seinen 415 Metern überragt er seinen Felsenbruder, den Königstein, um 55 Meter.

48

Der Lilienstein wirkt wie der kleine Bruder des Königsteins. Beide kommen nicht zusammen, sie trennt die Elbe, aber Eindruck schinden sie gemeinsam wie Wladimir und Vitali. Kraftvoll und massiv stehen sie in der Landschaft. Während der eine die Festung trägt, blieb der andere natürlich, erträgt gelassen, dass er nie zur Sehenswürdigkeit für Massentourismus taugte. Denn das ist sein großer Vorteil.

Sein schwarzer Sandstein steigt als Musterbeispiel eines Tafelbergs aus der Ebene und gilt als Symbol des Nationalparks. Mit seinen 415 Metern überragt der Lilienstein seinen überelbischen Bruder um 55 Meter. Und an seinem Fuß, auf der Straße unterhalb des Liliensteins, stand einst Napoleon. An dieser Stelle hielt er Aussicht und atmete die Landschaft ein. Da ergreift den Wanderer ein eigentümliches Gefühl. Hier also dachte der französische Feldherr darüber nach, wie er seine Feinde schlagen könnte. An der Ostflanke des kraftvollen Tafelbergs liegt mitten im Wald die Alte Schanze. Sie stammt aus dem Jahre 1813, als der Korse den Lilienstein in das französische Stützpunktsystem entlang der Kaiserstraße einbezog. Das Lager unterhalb der Felswände legten die französischen Soldaten an, um zwei Schiffsbrücken über die Elbe zu schützen. Aus einer Quelle, die noch heute Franzosenborn heißt, versorgte sich die Mannschaft mit Trinkwasser.

Von den Folgen der Schlacht ist sonst nichts mehr zu sehen. »Keine Wunde heilt so schnell wie die der großen Natur. Es bedarf nur eines Lenzes, um die älteste Ruine mit Blumen und Grün zu schmücken.« Das schrieb Hans Christian Andersen 1831 in seinem »Bericht einer Reise in die Sächsische Schweiz«. Am Lilienstein geriet er ins Schwärmen und beschrieb das Elbstandsteingebirge wie in einer lyrisch-dramatischen Dichtung, die Vögel zwitscherten, wie ihnen der Schnabel gewachsen, im Sonett, und die Felsen standen für ihn breit und stolz wie respektable Hexameter. Hier spürte der Däne pure Romantik und fand Inspiration für seine Märchen.

Heute genießen Wanderer einen weiteren Vorteil. Direkt vor dem Aufstieg kann das Auto abgestellt werden, einem kleinen Anstieg folgen schon die Treppen auf der Westseite des Felsens. Nach weniger als einer halben Stunde heißt es: die Aussicht genießen – über Ebenheit zum Königstein bis ins Erzgebirge. Ein echter Höhenflug, ohne sich völlig zu verausgaben. Die Gaststube reicht einen Imbiss. Auf der Nordseite geht es zügig die Treppen wieder hinunter. Vielleicht soll ja noch am gleichen Tag der Königstein erobert werden.

< 106 | 107 >

Lilienstein

Felsbaude Lilienstein
01824 Königstein | Anfahrt über Waltersdorf | Telefon 035022 40943 oder 0162 4040817
www.felsbaude-lilienstein.de

Das eiserne Kreuz auf dem Berg

49

Filigran und stabil ragt der Aussichtsturm auf dem Berg bei **Löbau** aus dem Wald. 70 Tonnen schwer und 28 Meter hoch bietet das Bauwerk einen herrlichen Blick über das Lausitzer Gebirge.

In Löbau steht ein eiserner Turm. Der bietet Aussicht über das Land, aber zugleich Einsicht in sächsische Geschichte. Er gleicht keinem Kreuz, aber dennoch steht er als Grabmal auf dem Berg. Und irgendwie sagt er: Wer sich zu Ehren einen Turm bauen lässt, den kann das Schicksal hart treffen.

1854 war es, als der Eisenturm auf dem Löbauer Berg eingeweiht werden sollte. Der sächsische König Friedrich August II. wollte dabei sein, denn das gute Stück sollte seinen Namen tragen. Doch der sächsische König kam nicht. Er starb kurz zuvor, tödlich getroffen vom Huf eines Pferdes. Auf einem Ausflug in den Tiroler Bergen kippte bei miserablem Wetter sein Wagen auf steinigem Pfad um, er fiel zu Boden, und der Hengst trat zu, traf Friedrich August am Kopf. Jede Rettung kam zu spät. So stand der Turm fast 140 Jahre, für die meisten als schönes Ausflugsziel, für die Königstreuen als majestätische Pilgerstätte. 1993 dann war das eiserne Kreuz plötzlich verschwunden.

Die 28 Meter Eisen, die wie der Tokio Tower für Sachsen in den Himmel ragten, fehlten. Doch nicht Schrottdiebe hatten die 70 Tonnen abgebaut, sondern das rostige Metall lagerte zur Kur in einer Schmiede. Anfang der 1990er-Jahre verfügte Sachsen über reichlich Geld, um sämtliche traditionsgeladenen Vorkriegsdenkmale zu erneuern. Sie standen nicht unter dem Verdacht, als Stütze im Dienst des DDR-Systems gestanden zu haben. Das technische Wunderwerk kam im September 1994 saniert wieder auf den Berg, eingeweiht von König Kurt. 2014 feiert der Turm seinen 160. Geburtstag.

Zu den Geburtshelfern des Achtecks gehörte einst ein Bäckermeister, der auch Friedrich August, allerdings Bretschneider, hieß. Der Königsfanatiker hatte sich in die byzantinische und gotische Ornamentik verliebt. Vielleicht erinnerte sie ihn an eine leckere Kalorienrakete. Er half mit seinem hart erarbeiteten Geld. Denn der erste Kostenvoranschlag von 5500 Talern wurde um schlappe 20000 Taler überschritten. Schon immer half die Initiative der Bürger, wenn die Kommune sich hoffnungslos verschätzte. Aber die billige Prognose führte immerhin zum Baustart, und so besitzt Löbau heute den einzigen gusseisernen Aussichtsturm Europas. Vorbild des filigranen Gebildes war der Londoner Kristallpalast des britischen Architekten Saxton. Auch das ist kein Scherz, der Mann hieß wirklich so. Wenn schon sächsisch-königlich, dann richtig.

Löbau

Turmgaststätte Löbauer Berg
02708 Löbau | Telefon 03585 832590
www.loebauer-berg.de

Stille Wasser sind tief

50

Die Talsperre in **Malter** wurde 2013 genau 100 Jahre alt. Die Kleinbahn fährt über Brücken von Freital nach Dippoldiswalde an dem Kunstsee vorbei.

Hier können Sie abtauchen. Dreißig Meter tief geht das. Vielleicht ist beim Spaziergang auf dem Grund noch ein Rest vom alten Dorf zu finden. Dort fuhr einst die Weißeritztalbahn. Jetzt hält sie oben über der Wasserkante. Da steht der Bahnhof mit Hafen. Wer hat das schon mitten auf dem Festland? Paulsdorf hat es. Allerdings nicht im Großformat, sondern in Kleinklein. Der Schnellzug: eine rauchende Schmalspurbahn, das Kreuzfahrtschiff: ein Ruderboot.

Hier lässt es sich leben, weil dieses Idyll noch Langsamkeit verträgt. Die ist von damals. Vor 100 Jahren stand zwischen Paulsdorf und Seifersdorf der Roten Weißeritz endgültig eine Mauer im Flusslauf. Talsperrenbauer setzten fünf Jahre lang Bruchsteine in einer gekrümmten Achse übereinander, um einen Stau zu verursachen. Hier durften sie spielen wie Kinder im Bach, wenn sie im Sommer ein Planschbecken errichten. Nur dass die Maltertalsperre über ein Einzugsgebiet von 104,60 Quadratkilometern verfügt. Großes Planschbecken für große Jungs. Die Malter-Mauer – sie und hält und hält und hält.

Als 2002 die Wassermassen aus dem Erzgebirge durch Dipplodiswalde ins Tal schossen, ging die Nachricht um, die Talsperre sei nicht nur voll, sondern ihre Mauer geborsten. Unsinn. Die Steine sind gut gesetzt, sie halten dem Druck von Tausenden Tonnen Wasser stand. Auch als Anfang Juni 2013 wieder eine Flut die Talsperre übervoll laufen ließ, stand die Mauer fest. Oben auf ihrer Krone liegt eine enge Straße. Zu Fuß geht der Besucher 193 Meter über den Kamm, auf der einen Seite das Nass, auf der anderen der Abgrund. In dem Bauwerk steckt Technik zum Messen und Kontrollieren. Immer muss hier etwas kontrolliert werden.

Wer auf dem Trocknen sitzt, weiß nichts davon. Da zelten Camper oder verankern für Jahre ihre Wohnwagenburgen. Sie wollen zu jeder Jahreszeit baden, deshalb existiert ein Erlebnisbad mit Dach, denn das Wasser in der Talsperre lässt frösteln. Wer eine Abkühlung braucht, bekommt sie hier, wer Minigolf oder Tennis spielen will, wird versorgt, wer mit seiner Liebsten paddeln will, kann in die Buchten schippern, bis die Sonne im See versinkt. Er kann seine Rute rausholen und einen großen Fisch angeln. Das Wasser kräuselt sich, und die Datschenbesitzer ringsum verzeihen das Kichern. Das kennen sie schon. Nur als auf beiden Seiten der Talsperre vor über 20 Jahren so viele neue Siedlungen auftauchten, ließ das Naturfreunde zweifeln, ob der Wald so viele Menschen verträgt. Sie vertragen sich gut.

< 110 | 111 >

Malter

Weißeritztal-Erlebnis GmbH
Am Bad 1A | 01744 Dippoldiswalde OT Paulsdorf | Telefon 03504 612169
www.erlebnis-talsperre.de

Das bescheidene Gebirge

Die Bosel in der Nähe von **Meißen** gehört zum kleinsten Gebirge Sachsens. Aus dem Granit entstand vor Jahren der Hamburger Hafen.

51

Der Hamburger Hafen steht auf sächsischem Untergrund. Die Steine stammen aus dem Spaargebirge. Kein Scherz, das gibt es wirklich. Es liegt etwa drei Kilometer östlich von Meißen und etwa zwei Kilometer westlich von Coswig oberhalb des Elbtals. Eine Art Minifelsmassiv, denn die Ausmaße sind bescheiden: drei Kilometer lang und 200 Meter breit. Und somit darf sich das Bergländchen das kleinste Gebirge Sachsens nennen.

Beinahe würde es nicht mehr existieren, denn dieses Gestein lockte schon immer Bauunternehmer. Der Granit bot bestes Material, und die Lage für den Abbau konnte besser nicht sein. Jeder Brocken rollte schnell zur Elbe, wo Zillen für den Transport der Steine bereitstanden. So kam der sächsische Granit auch nach Hamburg. Die Gutsbesitzer Otto Schlechte und Robert Hermann betrieben ab 1888 als Erste den Steinbruch. Für die Besiedelung von Sörnewitz brauchten Häuslebauer Baumaterial. Allerdings reichte nach ein paar Jahren die Technik der Herren nicht mehr aus, sie verkauften 1904 den Steinbruch an die Firma J. G. Dümmlinger, die mit dem industriellen Abbau des Granits begann. Ihr erster großer Auftrag war die Hamburger Steinlieferung. Und wer sich in der Gegend genau umsieht, erkennt den Spaargebirgsgranit in vielen Weinbergmauern. 1943 stoppte der Landesverein Sächsischer Heimatschutz den Raubbau, schließlich wäre sonst diese einmalige Landschaft völlig verschwunden. Und das wäre wirklich schade, denn hier kann man zum einen gut wandern, zum anderen bieten die Gipfel fantastische Aussicht.

192 Meter misst der höchste Punkt, die Juchhöh auf der Karlshöhe. Eben so schön ist die Deutsche Bosel, die mit einem spektakulären Ausblick über das Elbtal in Richtung Dresden und bei guter Sicht bis in die Sächsische Schweiz nicht geizt. Da steht der Wanderer 182 Meter hoch, etwa 80 Meter über dem Fluss. Oben wird man zudem von Flora überrascht, und zwar im Boselgarten, einem botanischen Kleinod der Technischen Universität Dresden. Er wurde schon 1910 auf Empfehlung des Dresdner Botanikers Oscar Drude angelegt, um die Pflanzen vor den Folgen des Gesteinsabbaus zu schützen. Außerdem lohnt sich an Wochenenden ein Spaziergang zur Boselspitze auch deshalb, weil hier ein Gästehaus einlädt. Das war mal ein Weingut, zu DDR-Zeiten Ferienlager, und heute gibt es hier leckere Speisen, einen gut gefüllten Weinkeller, ein Atelier und einen Aussichtsturm. Weiter nördlich liegt die Römische Bosel. Aber das ist schon wieder eine neue Geschichte.

< 112 | 113 >

Meißen

An der Boselspitze
Gästehaus Boselspitze | Boselweg 101–102 | 01662 Meißen | Telefon 03521 402757
www.bosel-spitze.de

Als Heinrich
seine Stadt fand

Der Heinrichsbrunnen
in **Meißen** ehrt den
Begründer der ältesten
sächsischen Stadt.
Seit 1997 kann man den
Platz autofrei genießen.

Wasser sucht sich seinen Weg, sinnlos, es aufzuhalten. Wer an einem Fluss lebt, weiß das. Die Meißner bekommen das immer wieder zu spüren. Zuletzt im Juni 2013. Selbst die neuesten Schutzmauern halfen nur bedingt. Die Elbe kroch in die Altstadt und flutete zuerst den Theaterplatz, der niedriger liegt als der übliche Wassergrund, weil dort einst ein Hafen Elbeschiffe empfing. Der Heinrichsplatz ganz in der Nähe kennt seit über 800 Jahren Ebbe und Flut.

Wenn die Einwohner der Stadt jedoch wieder auf dem Trockenen sitzen, suchen sie Quellen. Deshalb gibt es Brunnen. Einer der schönsten in Meißen steht seit 1863 auf ebenjenem Heinrichsplatz. Es plätschert aus den Hähnen, über denen auf einem Sockel Heinrich I. majestätisch in die Runde blickt. Ohne ihn würde es die älteste Stadt Sachsens nicht geben. 929 gründete er über den Tälern von Elbe, Meisa und Triebisch die Burg Misnia, er brauchte sie für seine Schlachten. Der Ort schien perfekt gewählt, denn hier hatte er freie Sicht, genug Wasser, herrliche Felder und Wege, es gab Berge, um sich vor Feinden zu verbergen oder sie angreifen zu können. Der Platz vor dem ehemaligen Franziskanerkloster und heutigen Stadtmuseum bildete einst das Zentrum der Stadt am Fuße der Burg. Er erweiterte sich zum heutigen Markt hin und hieß Naschmarkt. Der Begriff erinnert sofort an Zuckerwatte und Käsestückchen, aber ursprünglich kommt der Name vom Asch. Denn Händler boten hier im Mittelalter ihre aus Esche geschnitzten Schüsseln an, eben echte Äsche. Als später noch Lebensmittel und Leckereien hinzukamen, wurde aus dem Asch- der Naschmarkt. Immer wurden hier Sachen verhökert, mal Töpferwaren, mal Fisch, mal Holz. Zu DDR-Zeiten bekam der Platz den Namen Walther Rathenaus, eines kapitalismuskritischen Industriellen, Schriftstellers und Liberalen, der Mitbegründer der Deutschen Demokratischen Partei, später Reichsaußenminister war und Opfer eines politischen Attentats wurde. Er wurde als erstes Opfer des Dritten Reiches bezeichnet. Nur mit Meißen hatte er nichts zu tun.

Nach 1990 war deshalb der Platz reif für den Namen des Burggründers Heinrich. Der steht nämlich seit 150 Jahren auf dem Sockel und schaut würdevoll in die Stadt. Er sah noch, wie massenhaft Autos um ihn herumkurvten, bis 1997 eine Fußgängerzone entstand. Jetzt konnte er aufatmen und seine Stadt genießen. Immer Anfang Juni hört er, wie rund um den Platz in der ganzen Stadt gelesen wird. Das Literaturfest zieht dann Tausende Menschen nach Meißen.

< 114 | 115 >

Meißen

Tourist-Information Meißen
Markt 3 | 01662 Meißen | Telefon 03521 41940
www.touristinfo-meissen.de

Das perfekte Dinner

53

Die Außenfassade der Porzellanmanufaktur in **Meißen** ist mit originalem Meissener gefliest. In einer Schauwerkstatt kann man die Herstellung des Scherbens erleben.

Kein Zweifel, alles wird anders. Deshalb sehnt sich der Mensch nach Beständigkeit, aber nicht nach altem Kram. Denn auch was bestehen soll, muss sich erneuern, und wer sich ständig bewegt, muss anhalten. Dieser scheinbare Irrsinn hat Methode. Und Meissener Porzellan ist der gebrannte Ausdruck dafür. In 300 Jahren musste es sich immer neu formen und färben, um in der Gegenwart zu bestehen. Das feine Porzellan braucht eine Funktion, die sich nicht über Alltäglichkeit erhebt und dennoch nicht alltäglich wird. Die Dialektik des brauchbaren Luxus prägt die Manufaktur, deren Existenz mehrfach infrage stand, was sie genau deshalb zu Innovation zwingt, ohne die Tradition zu ignorieren. Die Manufaktur in Meißen zeigt gern ihre Vergangenheit. In ihrem Formenarchiv liegen 180 000 Artikel, vom Barock über Jugendstil und Moderne und Entwürfe aus der DDR-Zeit bis zu den neuesten Modellen. Alles fing mit 28 Teekannenformen, Reliefs und Figuren an. Inventarisiert im Jahre 1711. Damals begann der Mythos Meissen. Wie Fossilien liegen die Formen in Gipsdosen. Flügel, Federn, Arme, Beine, Köpfe, Blätter. Die Regale füllen ein ganzes Fabrikgebäude. Hier lagert das Gedächtnis, das Vermächtnis der Manufaktur, ein Labyrinth aus formgewordener Fantasie.

Einer der ersten Visionäre und Künstler war Johann Joachim Kaendler. Seine Genialität bewies sich in Gebrauchsformen. Er schuf eine unübersehbare Fülle von Kleinplastiken mit enormem Einfallsreichtum: Menschen, Tiere, Pflanzen. All das überlebte bis heute. Genau wie die Service, die im 18. Jahrhundert die Tische des Adels schmückten und später in den Glasschränken der Bürger standen. Die Herstellung des Porzellans wird den Besuchern in einer Schauwerkstatt der Manufaktur erklärt. Und im großen Verkaufsfoyer steht auch die neueste Kreation aus dem Jahr 2013: Cosmopolitan. Das bietet weder ein feststehendes Service noch ein bestimmtes Dekor, sondern die Flexibilität und die gleichzeitige Beständigkeit sind Programm. Ganz bewusst knüpfen die Manufakturisten an das Konzept des Bauhauses an, um schlichte Funktionen eines modernen Haushaltes erfüllen zu können. Das Porzellan ist stapelbar, es kann ergänzt werden. Individueller Leichtbau. Die Beständigkeit zeigt sich im Rückgriff auf historische Dekore und die Produktion, die wie seit 300 Jahren in Handarbeit läuft. Dies alles ist Meissen, ein sächsisches Kulturgut von Weltrang. Daran hat sich nichts geändert. Und das Museum der Manufaktur zeigt diese Welt und ihre Evolution.

< 116 | 117 >

Meißen

Staatliche Porzellan-Manufaktur Meissen GmbH
Talstraße 9 | 01662 Meißen | Telefon 03521 468208
www.meissen.com

Über dem Durchschnitt

Aus dem offenen Fenster
einens Seitenflügels des
Landesgymansiums
St. Afra in **Meißen** ist
das gesamte Gelände des
Campus gut zu sehen.

54

Hoch über Meißen liegt der Campus von St. Afra. Von hier blickt der Besucher auf den Dom und die Albrechtsburg herab. Die Schule spiegelt die Welt unten, will aber nicht erhöht sein und schwebt dennoch über allen. Eine Topografie, die als Metapher schon oft bemüht wurde und genauso falsch ist, wie sie stimmt. Denn in Meißen geht es nicht anders. Da geht immer ein Weg nach oben und einer nach unten, zwischendrin die Elbe. Und wie der Fluss die Stadt teilt, teilt sich der Stadt nicht immer mit, was da oben in dieser Schule geschieht. Ein Raumschiff, sagen Meißner, und die, die drin sitzen, meinen, man werde nicht abheben. Das einzige in Deutschland staatlich geförderte Gymnasium für Hochbegabte wurde 2001 eingepflanzt – an den Hang und in die Gegenwart. Die Tradition erklärte sich nicht mehr von selbst, denn sie war unterbrochen von Nazidiktatur, DDR-Pädagogik und neuem Wissensanspruch der Nachwendegeneration.

Vorn das alte Schulhaus, weiter hinten, noch höher, die modernen Wohngebäude, terrassiert und in ihrer Rechtwinkligkeit das Gegenteil von Fantasie. Kleine Burgen für Geborgenheit. Aber die Wege dazwischen laden zum Bummeln ein, auf den Wiesen lässt es sich rumlungern und in den Himmel starren, dem man hier nah sein kann, ohne dass er gleich auf einen herabfällt.

Die Stadt, die einst auserkoren war als Residenz der Wettiner und am Ende von ihnen verschmäht wurde, bekam 1710 nicht nur eine Manufaktur für feines Porzellan, sondern bereits 1543 eine Fürstenschule für Feingeister in den Gebäuden des einstigen Augustiner-Chorherrrenstifts St. Afra. Lessing muss immer wieder herhalten, weil er hier seine Ausbildung absolvierte. Sein Thema Aufklärung steht heute umso aktueller im Diskurs. Schüler und Lehrer stellen sich immer wieder selbst infrage, und das mit einer Intensität, die gelegentlich so anstrengt, dass klar wird, wie schwer es der Begriff Elite in Deutschland noch immer hat. Denn genau mit diesem Anspruch ging einst Exministerpräsident Kurt Biedenkopf an die Idee dieser Bildungseinrichtung. Und warum auch nicht.

Viel zu oft wird nur mit dem Durchschnitt gerechnet, anstatt sich auseinanderzusetzen, zuzuhören, nicht zu schweigen und nichts zu verschweigen. Ein Geistreich für Schüler, ein wenig abgeschieden vom Alltag und den Alltäglichkeiten. Was kann es Schöneres geben, seinen Weitblick zu schulen. Die Adresse von St. Afra lautet Freiheit 13, eine Metapher, die noch nie benutzt wurde.

Meißen

Sächsisches Landesgymnasium Sankt Afra zu Meißen
Freiheit 13 | 01662 Meißen | Telefon 03521 456-0
www.sankt-afra.de

Zum Schloss
ein Schlösschen

55

Eine exotische Insel
schuf sich die königliche
Familie in **Moritzburg**.
Die verückten Ideen des
Königs reichten bis zum
Dach des Fasanenschlöss-
chens, wo bei Windein-
wirkung der Chinese nickt.

Im Winter 1718/19 muss es verdammt kalt gewesen sein. Jedenfalls verlangten Handwerker von ihrem Bauherrn mehr Geld, weil sie elendig froren, wenn sie nachts am Dresdner Zwinger bauten. Auch der Architekt Matthäus Daniel Pöppelmann erinnerte den Kurfürsten daran, dass »viele blutarme Leute nicht imstande seien, eine Woche lang ihren Lohn bei diesen teuren Zeiten zu entbehren«. August der Starke schrie Pöppelmann an, er solle den Zwinger schnellstens fertigbringen und nicht lamentieren, schließlich brauchte er die Partylounge zur Hochzeit seines Sohnes.

Im September 1719 verlor August das Interesse am Zwinger, denn das höfische Spektakel war vorüber. Zwei Jahre lang blieb alles still an der scharfen Ecke der Dresdner Festungsanlage, zehn Jahre sollte es dann noch dauern, bis der Zwinger wirklich fertig war. Der sächsische Kurfürst hatte zwischendurch anderes im Sinn. Er träumte von einem Jagdschloss. Ihm schwebte dafür ein Grundstück nördlich von Dresden vor, am Rand des wildreichen Friedewalds. Dort stand ein schickes Anwesen, das in den Vierzigerjahren des 16. Jahrhunderts entstanden war. Allerdings viel zu klein für die Hofgesellschaft, die zu Hunderten einfiel, wenn es um eine schöne Jagd ging. Derselbe Pöppelmann, der beim Zwingerbau fast die Nerven verloren hatte, sollte jetzt hier schnellstens Hand anlegen.

Der Architekt ersann etwas ganz Besonderes. Da das alte dreigeschossige rechteckige Anwesen zum Schutz vor Raubgesindel mit einer Mauer umgeben war, bezog er die Ecktürme der Mauer mit ein, stockte sie auf und verband sie mit dem Hauptgebäude. Die vier Türme nehmen so das Schloss in die Mitte, sie fassen zusammen, was ursprünglich nicht zusammengehörte. Wirklich gelungen, aber für August III. nicht vollkommen. Er wünschte sich zum Schloss ein Schlösschen. Nicht für sich, sondern für die Fasane. Die gehörten schließlich massenweise auf den Mittagstisch. Wer also aus dem Fenster des Speisesaals schaut, entdeckt in zwei Kilometer Entfernung das Fasanenschlösschen. Der einstige Bau wurde im Siebenjährigen Krieg zerstört. Was heute in Pinkrosa leuchtet, ließ der Urenkel vom starken August, Friedrich August III., ab 1769 für sich und seine Familie erbauen. Er zog sich dahin gern zurück, lebte da wie auf einer exotischen Insel mit Tapeten aus Federn, Stroh, Perlen und chinoisen Stickereien. Seit Mai 2013 sind sie restauriert und wieder zu sehen. Fantastisch und nicht weniger verrückt als die Zwingeridee.

Moritzburg

Schloss Moritzburg und Fasanenschlösschen
01468 Moritzburg | Telefon 035207 873-0
www.schloss-moritzburg.de

Zeichnung
in den Tod

Käthe Kollwitz verbrachte
die letzten Wochen ihres
Lebens in **Moritzburg.**
Ernst Heinrich Prinz
von Sachsen stellte der
Malerin sein Domizil zur
Verfügung.

Käthe Kollwitz suchte die Birken, so erzählt man sich in Moritzburg. Mit 77 Jahren flüchtete sie vom bombardierten Nordhausen im August 1944 hierher. Der Rüdenhof nahe dem Jagdschloss gab ihr Zuflucht. Ernst Heinrich Prinz von Sachsen, Sammler ihrer Kunst, hatte die von den Nazis verfemte, in Berlin völlig ausgebombte und schon kranke Künstlerin in dem gräflichen Haus untergebracht. Es war so anders hier. Nicht die großen, dunklen Bürgerzimmer ihres 50 Jahre lang bewohnten Hauses in der Weißenburger Straße in Prenzlauer Berg, sondern jetzt bargen sie im alten Turmhaus zwei winzige, aber helle Zimmer. Manchmal trat sie auf den Balkon mit dem Blick auf die Birken. Sie zeichnete jedoch nichts mehr, es fehlte die Kraft. Sie betrachtete Wolken und Wind.

Käthe Kollwitz blieb verschlossen in diesen letzten Tagen ihres Lebens. Sie hatte so viel erlebt, so viel Sterben, so viel elendiges Leben. Ihre Grafiken zeigen immer erkennbar ihren Leidstrich. 1933 musste sie die Akademie der Künste verlassen, weil sie sich gegen Hitler gewandt hatte. Ab sofort war ihr Werk verfemt. Sie wehrte sich, sie besaß Courage, die Frau, die mit christlichen und sozialistischen Idealen aufgewachsen war.

1995 fehlen die Birken, aber das Turmhaus samt Hof wird als Museum eingeweiht. Zur Eröffnung der Gedenkstätte sagt ihre Enkelin, Jutta Bohnke-Kollwitz, nun sei es wieder so wie in jenem Sommer 1944, als die Großmutter hier ankam. Dennoch es ist natürlich anders. Im Erdgeschoss, wo einst Wohnräume waren, wechseln die Ausstellungen, im Obergeschoss erzählen Einzelblätter, Selbstbildnisse, Plastiken aus dem 50-jährigen Schaffen der Künstlerin. Fotos und Briefe ergänzen das Bild, auf Lesepulten die Kollwitz'schen Tagebücher. Dann zwei private Räume, und aus dem hellen Balkonzimmer geht es ins verschattete Sterbezimmer. Das alte Nachtschränkchen, das Reliefporträt von Goethe rechts an der Wand sind original. Ein spätes Selbstporträt hängt an der Wand.

Nicht viele wussten bis zur Eröffnung der Gedenkstätte, dass die 1867 in Königsberg geborene Grafikerin und Bildhauerin hier gelebt hatte. Dass ausgerechnet ein Wettiner-Prinz die Wahlberlinerin aufnahm, blieb in der DDR-Propaganda ein Geheimnis. Die Kollwitz war für das Land immer die proletarische Künstlerin, die das Leid der Unterdrückten zeigte. Sie sah ihren Sohn im Krieg sterben, auch den Enkel, und wurde zur Pazifistin. Sie legte den Griffel in die Wunden der Zeit.

< 122 | 123 >

Moritzburg

Stiftung Käthe Kollwitz Haus Moritzburg
Meißner Straße 7 | Telefon 035207 82818
www.kollwitz-moritzburg.de

Die sorbischen Osterpferde

Zu Ostern ziehen die Reiter in der Oberlausitz von Ort zu Ort. Beispielsweise reiten sie von **Nebelschütz** nach Ostro und wieder zurück.

57

Es kann sein, dass sie aus dem Nebel kommen. Es kann sein, dass sie durch den Schnee müssen oder der Tag so heiß brennt, dass ihnen der Schweiß die Flanken herunterläuft. *Der alte Winter in seiner Schwäche zog sich in raue Berge zurück.* Osterreiter müssen raus, das schreibt der Kalender, nicht das Wetter vor. Ostersonntag geht es früh los, egal, ob Schnee liegt oder die Sonne scheint. 1600 Pferde traben dann durch die Lausitz.

Sie sind festlich geschmückt, weil Christus auferstanden ist. *Sie feiern die Auferstehung des Herrn, denn sie sind selber auferstanden.* Ein Osterritt von Ort zu Ort und wieder zurück. Denn der Brauch verlangt, dass die einen den anderen Bescheid sagen, dass der Sohn Gottes wieder da ist. Und dann kommen die anderen zu den einen, um es zu bestätigen und sich zu bedanken. Nebelschützer reiten zum Beispiel nach Ostro und dann die Ostroer nach Nebelschütz. So reiten sie auch in Bautzen, Radibor oder Wittichenau, in Panschwitz oder Storcha. Nur kreuzen dürfen sich die Prozessionszüge nicht. Ihnen folgen Tausende von Zuschauern, jedes Jahr werden es mehr, über 35000 Menschen kamen schon, um zu schauen, was da im Sorbenland geschieht.

Es läuten die Glocken, es beten die Gläubigen in den Kirchen, es singen die Reiter, es trappeln die Pferde, es tuscheln die Gäste. *Sieh nur, sieh! wie behend sich die Menge durch die Gärten und Felder zerschlägt.* Auf jedem Pfad ein Pferd. Und die Herren obenauf alle katholisch, so muss sein. Ein jeder trägt Frack und Zylinder, was wundert, denn die Tradition kommt nicht von der Schönheit, sondern dem Schutzbedürfnis. In Ostro pflegen die Herren nach wie vor das uralte Ritual. Sie umreiten ihre Felder, um die Saat vor Schaden zu bewahren. So geschah es schon im 15. Jahrhundert. Der Bauer muss schützen, was er ernten will. Gott sei mit ihnen. *Ich höre schon des Dorfs Getümmel, hier ist des Volkes wahrer Himmel.*

Der Brauch wird nach wie vor gebraucht, denn sorbische Tradition steht immer mal wieder vor dem Finanzminister. Da kann es nicht schaden, dass der sächsische Ministerpräsident ein Sorbe und katholisch ist. Er gehörte schon selbst zu den Osterreitern. Politik ist ein harter Ritt. Und die Sorben sind ein kleines Volk in einem kleinen Land, das sie verteidigen. Und dazu gehören auch die Bräuche. So stilisierten sie die Oberlausitz zum Osterland. *Hier ist des Volkes wahrer Himmel. Zufrieden jauchzet groß und klein, hier bin ich Mensch, hier darf's ich sein.*

< 124 | 125 >

Nebelschütz

Osterreiten
Sorbische Kulturinformationen in 02625 Bautzen | Telefon 03591 42105
www.sorben.de

Frauen, Bildung und Vögel

Neschwitz glänzt mit einem barocken Schloss, das ein Stuttgarter einst für seine Liebste baute. Heute befindet sich hier die sächsische Vogelschutzwarte.

58

Frauen verändern Männer. Doch bevor es so weit kommt, verändern Männer ihre Umgebung. So übernahm ein Prinz aus Stuttgart 1721 in Neschwitz ein altes Gut. Der Adelsspross hieß Friedrich Ludwig von Württemberg-Winnental und kam aus dem Westen nach Sachsen, um hier König August II. als General zu dienen. Am Hof lernte er Ursula Katharina von Altenbockum, Reichsfürstin von Teschen, kennen. Die Dame war geschieden und zudem eine abgelegte Mätresse des Königs. Aber noch immer höchst attraktiv. Dem Prinzen aus Stuttgart war die Vergangenheit der Fürstin egal, er mochte ihren Duft, ihren Charme, ihre Körperlichkeit und ihre Ansprüche. Und um sie zu beeindrucken, ließ er das alte Gut in Neschwitz bis auf die Grundmauern aus dem 13. Jahrhundert abreißen und ein Schloss bauen. Ein Barockbau mit französischem Garten entstand, schließlich sollte die Frau seines Herzens überzeugt werden von seinem guten Geschmack und seinem Können. Es funktionierte, die beiden heirateten.

Doch die Freude dauerte nicht lang. Der Mann stand ja im Dienst des Königs und inzwischen auch des Kaisers. Er musste in den Krieg ziehen, denn nach dem Tod Augusts II. im Jahr 1733 griffen die Franzosen nach der polnischen Krone. Der General verteidigte mit seinen Truppen den Anspruch der Sachsen. Allerdings fiel er dabei auf dem Schlachtfeld. Die Dame seines Herzens erbte das Lausitzer Schloss, hing aber offenbar nicht sonderlich an der Immobilie und verkaufte sie. Das Anwesen litt im Laufe der Jahre, der Siebenjährige, der napoleonische genau wie der Zweite Weltkrieg hinterließen böse Spuren, 1945 brannte es nach Plünderungen bis auf die Grundmauern ab.

Möglicherweise wären die Häuser ganz verschwunden, wenn nicht das neue Land DDR dringend Kinder nötig gehabt hätte, die im Sinne des Landes arbeiteten. Das Schloss bot alte Mauern und Baumaterial, und so entstand eine Schule. Zugleich hatte einer der Vorkriegsbesitzer, Arnold von Vietinghoff-Riesch, hier für den Landesverein Sächsischer Heimatschutz eine Vogelschutzwarte errichten lassen. In der DDR griffen engagierte Ornithologen die Idee wieder auf und schufen erneut einen Schutzraum für Vögel. Bis heute arbeitet hier die sächsische Vogelschutzwarte. Park und Pavillons und Teile des Schlosses wurden im Laufe der Zeit saniert. So sehen wir heute ein beeindruckendes Schloss mit Park, das nur wegen einer Frau, der Bildung und Vögeln existiert.

< 126 | 127 >

Neschwitz

Gemeinde Neschwitz
Bahnhofstraße 1 | 02699 Neschwitz | Telefon 035933 3860
www.neschwitz.de

Gewebtes
Mondlicht

59

Die letzten Leinenwebereien Sachsens befinden sich in **Neukirch**. Webmaschinen aus den 1920er-Jahren produzieren bei Hoffmann feinstes Leinen, was vor allem im Westen Deutschlands verkauft wird.

Den Ort Neukirch gibt es mindestens zwölf Mal. Einer davon wurde gleich zwei Mal gegründet. Zuerst in der Lausitz, dann in Australien. 1853 kamen dort sorbische Auswanderer an und bauten sich im Shire of Southern Grampians im Western District von Victoria ihren Heimatort neu auf. Heute heißt die Gemeinde Byakuk, aber es erinnert viel an Sachsen. Hierzulande liegt Neukirch zwischen dem Valtenberg und dem Oberlausitzer Bergland. Während die einen bei dem Ortsnamen weniger an Australien als an Zwieback denken, erinnern sich andere an Leinen. Es gehört zu den ältesten Kulturgütern der Menschheit. »Gewebtes Mondlicht der Ägypter«, so heißt es. Seit über 100 Jahren zählt Neukirch zu jenen deutschen Landstrichen, wo der Stoff gewebt wurde und nach wie vor gewebt wird. Wenn auch nur noch in zwei Manufakturen: in den Leinewebereien Hoffmann und von Kleist. Nach einer Wanderung kann man sich in der Schauwerkstatt ansehen, wie aus Flachs Leinen entsteht.

Bei Hoffmanns wird nach wie vor täglich produziert. Es scheint die Zeit stehen geblieben zu sein. Im Eingang tickt eine Chronos-Stechuhr aus dem Jahr 1910. Noch immer packen die Mitarbeiter ihre Karten in den Schlitz, um ihre Arbeitszeit messen zu lassen. Dahinter rattern die Webstühle im Gleichschritt einer Kompanie, und auf dem Metall lagern Staub und Muzeln aus dem letzten Jahrhundert. Kisten voller Garn warten in jeder Ecke auf ihre feste Bindung. Im Keller werden Fäden auf einen Kettbaum gewickelt, Zetteln und Schären heißt das in der Fachsprache. Und wenn es nicht klappt, so heißt es, man soll keine Schärereien machen. Ist alles aufgewickelt, sieht es ein wenig aus wie ein riesige Spule, die quer in den Webstuhl geklemmt wird, der die Fäden hoch, runter, hoch, runter zieht, auf dass dazwischen das Schiffchen den Schussfaden fädelt. Wie das Garn die Muster webt, signalisieren Lochkarten, die seit gut 100 Jahren das klassische Design liefern. Der Laie verstrickt sich in der Leineweberei, aber die Mitwirkenden kennen sich aus. Sie gehen mit Sorgfalt vor und hören schon am Rhythmus der Maschinen, ob alles glatt geht. Die Stoffe gingen nach ganz Deutschland, England und natürlich Australien. Im sächsischen Neukirch erinnert nicht viel an den fünften Kontinent, aber die Sehnsucht nach Weite, nach frischer Luft, Abenteuer und Tradition gibt es auch hier. Nur um der Verwechselung zuvorzukommen, schreibt man immer: Neukirch/ Lausitz. Sonst wird der Weg einfach zu weit.

Neukirch

Leineweberei Hoffmann | Zittauer Straße 23 | Telefon 035951 31524 | www.leineweberei-hoffmann.de
Leinenmanufaktur von Kleist | Zittauer Straße 15 | Telefon 035951 31423 | www.leineweberei-vonkleist.de
01904 Neukirch/Lausitz

Eine Festung für einen gnadenlosen Räuber

Nossen besitzt zwei Sehenswürdigkeiten, die man unbedingt besuchen sollte: das Kloster Altzella mit seinem romantischen Park und das Schloss.

60

Der Bursche war hartgesotten. Ein rücksichtloser Kerl, der seine Opfer folterte wie Diktatoren ihre Kritiker. Kein Pardon, kein Mitleid. Schade, denn Räuber können so sympathisch sein – jedenfalls wenn sie soziales Engagement entwickeln und Reiche beklauen, um Arme zu beschenken. Selbstverständlich mit Provision für die eigene Schatzkammer. Doch dieser Räuber war kein sächsischer Robin Hood, sondern ein selbst ernannter Hauptmann.

Sein Name war Tullian, Lips Tullian. Im Tannichtgrund im Tharandter Wald gibt es einen 450 Meter hohen Berg, der seinen Namen trägt, weil er dort seine Beute versteckt haben soll. Und es gibt einen Turm auf Schloss Nossen, der nach ihm benannt ist, obwohl er nie dort war. Aber seine Geschichte wird in Nossen erzählt. Von massenhaft unappetitlichen Überfällen gestand er 50, um sein Strafmaß zu mildern. Es nützte ihm wenig. Am 8. März 1815 verlor er auf dem Marktplatz in Dresden seinen Kopf. Ein Henker half ihm dabei, und 20000 Schaulustige sahen zu. Der Schriftsteller Moritz August von Thümmel wusste nachträglich zu berichten, dass man Lips Tullian vor seiner Hinrichtung eine Prise Schnupftabak reichte, die er gern annahm, aber enthauptet wurde er, noch bevor er niesen konnte.

Im Südturm des Westflügels von Schloss Nossen heißt der Turm nach Tullian, weil hier einige seiner Kumpane im Kerker schmachteten. Den Knast gibt es noch und die Geschichten gleich dazu. Ein Schloss mit 850 Jahren Historie in den Mauern hat natürlich noch mehr zu erzählen als eine Räuberpistole. Eine Ausstellung beschreibt anschaulich, wie hier Ritter lebten und später der feine sächsische Adel, wie im 19. Jahrhundert das Amtsgericht arbeitete. Im Übrigen gab und gibt es bis heute in dem Renaissanceschloss Wohnungen. Die Mieter sind zu beneiden, denn die Aussicht über das Muldental ist fantastisch. Außerdem wohnen sie mit Tradition, denn Bischöfe, Äbte und Fürsten verbrachten hier ihr Leben. In dem Riesensaal präsentierten die übrigens einst ihre Jagdschätze. Manchmal eine äußerst räuberische Angelegenheit.

Lips Tullian und seine Schwarze Garde jagten durch den Wald rund um Nossen. Woher der Räuber wirklich kam und wie er wirklich hieß, weiß man indes bis heute nicht. Vielleicht war es ein gebürtiger Franzose oder ein Holländer, vielleicht hieß er Phillip Mangstein oder Elias Schönknecht. Wer weiß. Doch geschnappt wurde er, es half ihm keiner, denn er hatte auch niemandem geholfen.

< 130 | 131 >

Nossen und Klosterpark Altzella

Schloss Nossen | Am Schloß 3 | 01683 Nossen | Telefon 035242 5043-0 | www.schloss-nossen.de
Klosterpark Altzella | Zellaer Straße 10 | 01683 Nossen | Telefon 035242 5045-0 | www.kloster-altzella.de

Dornröschen im Schlamm

61

Einem Rohbau gleich liegt das Wasserschloss in **Oberau** zwischen ausgetrockneten Teichen. Ein Verein bemüht sich um das historische Anwesen.

Wenn der Fischer einen Schatz aus dem Teich holt, dann fällt das unter Anglerlatein. Wenn Panzerfaustrohre und Säbel zutage befördert werden, dann angelt der Kampfmittelbeseitigungsdienst. Allerdings suchte der im Frühjahr 2013 nicht im Wasser, sondern im Schlamm, was an Munition in Oberau unterging.

In dem kleinen Ort unweit von Meißen befindet sich auf einer Lichtung zwischen Feldern und Bäumen ein Wasserschloss, vermutlich das älteste in Deutschland. Bereits um 1270 ragte ein Wehrturm aus dem Boden, und 1286 kamen Wohnräume drum herum. Deshalb befinden sich die Treppe innen und die Zimmer außen. Der Turm wuchs im Laufe der Jahrhunderte zum Schlösschen mitten in einem Teich, zu erreichen über zwei Brücken. Märchenerzähler müssen genau hier gestanden haben, als sie sich ihre Geschichten von hübschen Adelsbehausungen ausdachten.

Heute wären sie etwas enttäuscht, denn der Putz ist ab, und die Turmspitze fehlt genauso wie der Adel. Die von Miltitz besaßen es einst, 1945 mussten sie ihren Besitz ans Volk übergeben. Aussiedler wohnten hier und Kinder, aber irgendwann verfiel das, was noch übrig war vom alten Glanz. Als Schatten seiner selbst steht der Bau wie das Dornröschenschloss nach einem Kahlschlag. Das Anwesen sitzt auf dem Trocknen. Dem Teich rundum fehlt das Wasser. Mit ein bisschen Fantasie kann sich dennoch jeder vorstellen, wie es wäre, wenn einer zum Wachküssen käme.

Deshalb schlossen sich Menschen aus dem Ort und anderen Städten zusammen, um das Haus wiederzubeleben. Im Inneren sanierten sie bereits einzelne Räume, sie begannen das Dach zu decken, sie ließen eine Wetterfahne nach historischem Vorbild bauen, sie bestellten den Kampfmittelbeseitigungsdienst, um nachher den Schlamm aus den Gräben holen zu können, denn es soll ja wieder Wasser rein. Die beiden Säbel aus der Zeit sächsischer Könige lassen darauf schließen, dass sich hier zwei Kerle duellierten. Man fand zudem ein Bajonett aus dem Zweiten Weltkrieg, ein Bügeleisen, vielleicht Hinweis auf einen Ehestreit. Und ein aufgebrochener Tresor kam zum Vorschein. Es muss richtig was los gewesen sein in Oberau. Hier versenkten Diebe Reste ihrer Beute. Mehr als den Schrottpreis bringt das allerdings nicht. Aber für den Wiederaufbau ist jeder Cent willkommen.

Zurzeit liegt der Reiz des Schlosses in seiner Ursprünglichkeit, seinen puren Mauern, seiner Verletzlichkeit. So wird es nur noch wenige Jahre zu sehen sein. Und das ist kein Anglerlatein.

< 132 | 133 >

Oberau

Wasserschloss Oberau
Gemeinde Niederau | Rathenaustraße 4 | 01689 Niederau | Telefon 035243 336-0
www.gemeinde-niederau.de

Die Hochzeitskirche
am Skilift

Oberbärenburg ist
besonders bekannt für
seine kleine, aber feine
Hochzeitskriche, in der
seit 1913 Paare getraut
werden.

62

Dieser Ort gleicht dem Wohnzimmer einer ordnungsliebenden Familie. Alles fein
gesäubert, gut sortiert, schön präsentiert. Wer hier die Nachtruhe stört, wird aus-
gewiesen. In Oberbärenburg steppt der Bär längst nicht mehr. Sein Fell liegt auf-
geteilt vor gepflegten Kaminen. Kleine Pensionen und Hotels laden Gäste ein.
Langläufer sind willkommen, im Winter wie im Sommer. Rentnerpaare streifen
durch die Wälder. Höhepunkt ist der Aussichtsturm, der seit 2004 am Waldrand
steht. Von dort schweift der Blick vom Dresdner Fernsehturm über den Lausitzer
Valtenberg und die Burg Stolpen bis zur Bastei und dem Lilienstein im Elbsandsteingebirge. Oberbärenburg versteht sich als Erzgebirgszimmer mit Ausblick.

Schon vor über 500 Jahren siedelten sich hier Menschen an, allerdings schufteten sie damals im Wald. Da war der Ort noch ein Waldhufendorf. Vor 200 Jahren
wohnten hier gerade mal 15 Familien und schlugen Holz. Erst als am Ende des 19. Jahrhunderts die Schmalspurbahn bis Kipsdorf fuhr, eroberten Großstädter Oberbärenburg, das so schön am Hang lag und nur von Süden zu erfahren war. Hier würde
es keine Durchfahrtsstrecke geben können, dafür einen stillen Platz zur Erholung.
1913 entstand auch die kleine Kapelle, die als Hochzeitskirche bekannt wurde. Und
so ist es bis heute geblieben.

Nach 1900 wuchsen Pensionen und Hotels, und zu DDR-Zeiten residierte hier
die Funktionärselite, FDGB-Ferienheime beherbergten ausgewählte Arbeiter. Wer
hier einen Platz bekam, durfte sich glücklich schätzen. In der Wiesen-Klause beispielsweise, die heute nur noch Wohnhaus ist, bekamen Gäste nur selten einen Platz.
Alles voll. Willi hieß damals der Wirt, der Umsätze einfuhr, von denen heute jeder
nur träumen kann. Irgendwann in den 1980er-Jahren hatte er sein Heu rein, das Land
wurde ihm zu eng, und er flüchtete in den Westen. Auch die Stasi hatte sich in dem
Kurort ein Nest gebaut. Direkt am Skihang mit Lift. Als der Leiter des Heimes nach
der Wende das Haus weiterführen wollte, gab es mal eine kleine Revolution in
dem stillen Oberbärenburg. Irgendwann musste Schluss sein. Es war Schluss.

Einige der alten Ferienklausen schlummern bis heute vor sich hin, die meisten
jedoch sind privatisiert. Eines der alten Ferienheime kauften sogar Holländer,
aber sie brachten bisher nur ihre Pferde hier unter. Vielleicht warten sie darauf,
dass die Niederlande überschwemmt werden, und dann können sie ihren Lands-
leuten genug Zimmer anbieten. Alle mit Ausblick.

< 134 | 135 >

Oberbärenburg

Oberbärenburg
Gästeinformation | Kurplatz 4 | 01773 Altenberg OT Oberbärenburg | Telefon 035056 23993
www.oberbaerenburg.de

Steinige Zeitreise ins Mittelalter

Die Klosterruine auf dem **Oybin** wirkt von unten fotografiert wie das Bauwerk eines Außerirdischen. Hier residierten einst die Mitglieder des Cölestiner-Ordens.

63

In Sachsen ist alles so klein. Der Sachse wohnt in Kleinstädten, die verbunden sind durch Kleinbahnen. Seine Kleinfamilie versorgt sich aus dem Kleingarten. Der Sachse ernährt sich von Kleintierhaltung, arbeitet in Kleinbetrieben oder als Kleinunternehmer. Der Kleinbürger rechnet alles bis ins Kleinste nach, kleinlaut friemelt er kleinklein und schaut sich auf Kleinkunstbühnen Kleinkunst an. Er fotografierte als erster Mensch mit der Kleinbildkamera und erfand den ersten Deutschen Kleinwagen, den DKW. Kein Wunder also, dass in Sachsen auch das kleinste Mittelgebirge Deutschlands zu finden ist. Wenn man es findet.

Ganz am Ende, tief im Osten erheben sich die Berge des Zittauer Gebirges, gar nicht kleinlich, bis auf 792 Meter. Der deutsch-tschechische Grenzberg Lausche ist der höchste Hügel, der bekannteste aber ist der Oybin. Sandsteinfelsen wie in der Sächsischen Schweiz bilden famose Fantasiegebilde, die größer sind, als sich das Kleinhirn vorstellen mag. Da ragt ein Steinpilz aus dem Waldboden, der nur deshalb dort steht, weil ihn keiner abschneiden kann. Möglich, dass es jemand versuchte, denn unten ist er viel schmaler als oben. Freilich heißt er anders: Kelchstein. Wer da raufwill, braucht Überhangerfahrung. Holzfäller nahmen sich 1785 Baumstämme zu Hilfe, um den Felsen zu bezwingen. Sie brachten auf dem Gipfel stolz eine Tafel an, um auf ihre Klettertat hinzuweisen. Aber erst 1946 gelang es einer kühnen Seilschaft, den Steinpilz frei zu besteigen, ganz ohne Baum. Ein Kunststück, das auf der sächsischen Schwierigkeitsskala von I bis XI mit VIII c gekennzeichnet wird. Das ist nichts für geübte Touristen, sondern nur für trainierte Kletterer.

Die Touristen schlendern lieber zur Klosterruine, deren Ausmaße ebenfalls keine Kleinigkeit sind. Eine mächtige Anlage, ihre Grundmauern stammen aus dem Jahre 1311. Kaiser Karl IV wollte hier seine Rentenzeit verbringen und ließ ein Kaiserhaus samt Kirche bauen, stiftete außerdem den Cölestinern ein Kloster. Der römisch-katholische Orden, der lebte hier gut 200 Jahre, widerstand allen Angriffen und verwahrte während der Hussitenkriege den Prager Domschatz. Doch mit der Reformation war Schluss. Geblieben ist eine imposante Ruine mit wunderbaren architektonischen Details. Es fühlt sich an wie eine kleine Zeitreise zurück ins Mittelalter. Zwischen riesigen Steinpilzen und Kaiserburg vergisst sich der Alltagsstress der Gegenwart. Und wer vom Oybin mit der Camera obscura über die Landschaft schaut, dem erscheinen alle seine Probleme ... plötzlich ganz klein.

< 136 | 137 >

Oybin

Fremdenverkehrsbetrieb Oybin
Burg und Kloster | Hauptstraße 15 | 02797 Kurort Oybin | Telefon 035844 7330
www.oybin.com

Gegen die Hast der Zeit

Das Kloster St. Marienstern in **Panschwitz-Kuckau** ist eine der katholischen Inseln in Sachsen. Besichtigt werden kann hier neben der Kirche die Schatzkammer.

In Weiß und Rot blenden die Gebäude. Das Rot heißt Gefahr und Blut, die Farbe des Heiligen Geistes, der Auferstehung, des Lebens, der Macht, aber auch der Sünde. Weiß heißt Unschuld, Reinheit, Heiligkeit und Unsterblichkeit, aber auch Kapitulation. Auf den Dächern glänzt Gold. Barocke Architektur außen, mittelalterliches Innenleben mit modernster Technik. Zurückgezogen heißt nicht zurückgeblieben. So zeigt sich das Kloster St. Marienstern in Panschwitz-Kuckau als auferstandenes ewiges Leben, das sich gegen die Zeitläufte stemmt und sie aufnimmt. Es leuchtet, es versteckt sich nicht, aber es gibt nicht alles preis.

Hinter den Mauern leben und arbeiten 19 Ordensschwestern. Sie beten, sie pflegen Menschen, sie folgen Ritualen, sie kochen, sie züchten Pflanzen, sie verfolgen ihr Tagwerk mit disziplinierter Abgeklärtheit. Bete und arbeite. Schweigen heißt hören, auf Gott hören. Eine katholische Höflichkeit wird den Gästen entgegengebracht. Gelassen schreitet die Gemeinschaft. Ihr Haus überlebte schon mehr als 760 Jahre, was soll da stören. Jeder ist Gast, der Herr der ewige Gastgeber.

Die Vergangenheit lehrt, wie überlebt werden kann. Dieses Kloster ist Sinnbild einer Ewigkeitshandlung, die sich Barmherzigkeit nennt. Schwester Gabriela, die Kantorin, sagt:»Wir müssen die Nöte unserer Mitmenschen wahrnehmen und sie ernst nehmen.« Das Gotteshaus darf hier jeder betreten und mit den Schwestern beten. Dieser Andacht kann sich keiner entziehen. Auch nicht der Schönheit des Altars, der Fenster, der Malerei. Hier balanciert die Seele sich aus. Und das ist kein Zufall. Es soll genau so sein. Es bringt Heil.

Das Kloster steht offen, aber nicht weit. Es verbirgt das tägliche Leben der Bewohnerinnen, aber es birgt auch Schätze, von denen ein Teil besichtigt werden kann. Die Schatzkammer gibt stille Hoffnung, dass auch Not dieses Kloster nicht in Unruhe versetzt. Das ist kein Zufall. Genau so muss es sein. Klosterladen, Klosterstübel, Gästehaus, Wohnheime, Förderschule, Behindertenwerkstatt, Bäckerei, Kräuter- und Ernährungszentrum bilden ein Unternehmen, das mehr auf Zukunft baut als eine IT-Firma. Solange es Menschen gibt, benötigen sie Zuwendung. Nur gerät das gelegentlich in Vergessenheit. Aber der Tag kommt für jeden.

Ringsum die kleine Stadt, Wälder, Felder, die Wiesen wirken wie die Kulissen für dieses Kloster, das einst aus Dankbarkeit entstand, weil einem aus der Not geholfen wurde. Das war kein Zufall.

< 138 | 139 >

Panschwitz-Kuckau

Zisterzienserinnen-Abtei | Kloster St. Marienstern
Cisinskistr. 35 | 01920 Panschwitz-Kuckau | Telefon 035796 99431
www.marienstern.de

Klingender Pfaffenstein

65

Die Barbarine ragt vor dem **Paffenstein** wie eine Nadel in den Himmel. Eine Sage behauptet, ein Mädchen aus Pfaffendorf wäre hier versteinert worden.

Die Gegend ist unerhört schön. Das schrieb der russische Komponist Dimitri Schostakowitsch 1960, als er in Gohrisch weilte. Hier fand er abseits der üblichen Touristenstrecke ein wenig Ruhe. Der Name des Ortes kommt vom Slawischen gora und heißt Berg. Einen Wanderweg weiter, über Pfaffendorf, erhebt sich der Pfaffenstein. Auch er giert nicht nach Aufmerksamkeit. Seine Zurückhaltung ist sein Vorzug. Er diente Bauern, manchmal auch Dieben als Versteck. Und der Sandstein klingt. Hier sammeln sich Töne von überall her. Die Wanderer steigen über Tonleitern. Da vernehmen die Ohren Säuseln, Rauschen, Blätterrascheln, Ästeknacken. Von der Elbe tönen die Schiffstrompeten bis auf die Höhen, Kühe muhen von den Wiesen, Hunde bellen, vom Acker dröhnt ein Traktor, aus dem Nadelöhr zum Hochplateau des Pfaffensteins dringt ein Keuchen. Sinfonie des Aufstiegs. Ein unangekündigter Sturm rauscht, Tropfen trommeln im Regenrhythmus, und noch bevor sich die Wolken verziehen, tirilieren Vögel, abends schickt ein Kautz seinen Ruf ins Echo. Ein kurzer Doppelsopran hallt hin und her.

Die Felsmelodien ändern sich mit den Menschen. Es wäre interessant, zu wissen, wie sich die Gegend vor 3000 Jahren anhörte. Da siedelten in einer geschützten Ecke am Felsen Männer, Frauen und Kinder. Noch heute existiert am bequemen Aufstieg ein Erdwall, der mit Holzpalisaden versehen wurde, um die Bergsiedlung zu schützen. Dahinter fanden sich Bronzemesser, Armreifen, Mahlsteine und Tonsiebe. Von hier war und ist der Tafelberg leicht zu begehen. Kann sein, dass die Siedler abends um ein Feuer saßen und sangen. Eine schöne Vorstellung.

Schostakowitsch hörte am Pfaffenstein und in Gohrisch den Klang der Landschaft. Den Ton am Pfaffenstein gibt eine Jungfrau an. An der Spitze steht sie versteinert als Felsnadel im Wind, und die Kuppe gleicht dem hohen C. Generationen von Kletterern sehnen sich danach, sie zu besteigen. Keine Chance. Der Gipfelpunkt ist seit 1976 gesperrt, weil das hohe C kippelt. Doch es hält sich tapfer, wurde mehrfach mit Beton verfestigt, mit einer Kappe bedeckt, dass Wind, Schnee und Eis der Schönen nicht den Kopf brechen.

Die Jungfrau heißt Barbarine. Eine Sage erzählt, dass ein junges Mädchen aus Pfaffendorf lieber Heidelbeeren sammeln ging, als sich in der Kirche einen Bären aufbinden zu lassen. Als die Mutter das mitbekam, traf das Mädchen der Zorn ihrer Alten, die ihre eigene Tochter versteinern ließ. Unerhört schön, diese Gegend.

< 140 | 141 >

Pfaffenstein

Tourist-Info Gohrisch
Neue Hauptstraße 116 b | 01824 Kurort Gohrisch | Telefon 035021 66166
www.gohrisch.de

Der Teufel von Pirna

> Den Teufelserker von **Pirna** ließ ein Ehegatte zu Ehren seiner verwirrten Frau bauen. Später entstand in der Nähe des Hauses ein Engelserker.

66

Es war ein Skandal. Der Hausbesitzer bestand darauf, dass seine Frau vom Dämon besessen sei. So führte sie sich jedenfalls auf. Und der Gatte konnte sich das teuflische Verhalten seiner Liebsten, damals im 16. Jahrhundert, einfach nicht anders erklären. Als die Satansbraut starb, baute er ihr zur Erinnerung oder Erleichterung, wer weiß, an sein Haus einen Erker. Dessen Last tragen bis heute Teufel. Der Witwer ließ die gehörnten Sandsteinkerlchen von der Oberen Straße zur Kirche blicken. Schließlich hatte Gott bei seinem Weib versagt.

Doch weil nicht sein konnte, was nicht sein durfte, ließ ein Hausbesitzer in der Nähe des Hauses, an der Barbiergasse, einen Engelserker bauen. Zum Ausgleich oder als Gegenthese. Wie auch immer. Pirna steckt voller Widersprüche, die in Stein, vorzugsweise Sandstein, gemeißelt sind. Denn hier lebt nicht nur der Protestantismus, sondern kam auch um 1460 der Sündenkrämer Johann Tetzel, der den Ablasshandel auf die Spitze trieb, zur Welt. Sein Wohnhaus steht in der Schmiedestraße 19, ebenfalls nur zwei Gassen von der Kirche entfernt.

Die Kirche baute vor über 500 Jahren ein Baumeister namens Peter Ulrich, der am Markt 3 in Pirna ein Haus besaß. Es ist das älteste Baumeisterhaus Deutschlands und steht wieder so da, wie er es mit seiner Frau um 1508 bezog. Auf Schritt und Tritt folgt man in der Elbestadt Geschichte. Die von Peter Ulrich wird in seinem Haus erzählt. Denn am 11. November 2011 eröffnete hier der Schauspieler Tom Pauls sein gleichnamiges Theater. Ich war dabei, bin Mitgesellschafter des Theaters. Ein großes Glück und Vergnügen. So darf ich Theater machen, Publikum nach Pirna holen und erklären, dass die Stadt wie Phönix aus der Asche zu einem Schmuckkästchen der sächsischen Renaissance aufstieg. All die schönen Geschichten der Geschichte sind rekonstruiert, Teufel, Engel, Canalettoblick und Sonnenstein.

2013 bekam diese Schönheit einen Dämpfer, denn wieder einmal stieg die Elbe bis zum Markt und flutete die Häuser. Ein Drama, im Theater mussten Café und Lädchen erneuert werden, nebenan fingen Geschäftsleute wieder von vorne an. Reichlich drei Monate dauert es bis zur Wiedereröffnung.

Und immer wenn Fragen kommen, warum es rund um den Markt wieder so teuflisch schön aussieht, im Sommer und Herbst herrlich wie in Italien – da führt der Pirnaer den Gast am Teufelserker vorbei und weist ihn auf die Inschrift hin: »Ich wolds so haben was fragstu darnach.«

< 142 | 143 >

Pirna

TouristService im Canaletto-Haus
Am Markt 7 | 01796 Pirna | Tel. 03501 556 446
www.tourismus.pirna.de

Süßer Pfeffer
mit Pottasche

In der Schauwerkstatt am Markt in **Pulsnitz** erleben Besucher das ganze Jahr über das Handwerk des Pfefferküchlers.

67

Sirup, Honig, Mehl, Wasser und Pottasche sind eine merkwürdige Mischung. Klar, es fehlt noch Hirschhornsalz. Ist das essbar? Noch nicht. Es kommen Zimt, Nelken, Muskat, Macisblüte, Kardamom, Koriander und Ingwer hinzu. Was das ist? Man müsste annehmen, dass spätestens an der Stadtgrenze zu Pulsnitz süße Düfte schweben. Aber da schwebt nichts. Deutschlands einzige Pfefferkuchenstadt scheint von ihrer Einzigartigkeit nicht sonderlich überzeugt zu sein. Schon gar nicht im Frühling oder Sommer. Im Haus des Gastes am Markt sitzen Damen, klecksen Sahne auf den Kuchen. Schauwerkstatt heißt das. Im Museum hängen Werkzeuge von anno dunnemals und Papp-Pfefferkuchenhäuser, wie sie zu DDR-Zeiten verkauft wurden. 4000 Pfefferküchler-Sammlerstücke besitzt das Museum.

Die Läden der berühmten Bäcker muss man in der Stadt suchen. Es gibt keine Wegweiser, erst recht keinen Pfefferkuchenweg oder gar ein Knusperhäuschen. Erst ab September steppt hier der Pfefferkuchenmann. Dann aber bis Weihnachten so heftig, dass Pulsnitz plötzlich aus allen Mehltüten platzt. Am ersten Wochenende im November schwebt süßer Duft über den Pfefferkuchenmarkt.

Ansonsten sind die Honigkuchenmacher wie Handrick, Gräfe, Groschky, Löschner, Nitzsche, Schäfer, Spitzer, Zeiler und die Lebkuchenfabrik Frenzel bescheiden. Manche sagen sogar, Pfefferküchler wären geizig. In Wahrheit sorgen sie nur vor. Man kann ja nie wissen, wie es kommt. Bei Spitzers unweit des Marktes geht es in ein schmales Lädchen, die Zeitreise in die Vergangenheit ist perfekt. Es könnte in den 1920er-Jahren sein oder 1950, aber keinesfalls jetzt. Aber genau so ist es gut und charmant. Auch bei Groschky ist es gestern. An der Tür hängt ein Schild: Honig- und Lebkuchen seit 1825. Und dann steht da noch: Bitte eintreten ohne anzuklopfen. Jeder ist willkommen. Auf dem Holztisch liegen das Backwerk und eine Spezialkreation: Rietschelkuchen.

Schließlich sollen Ernst Rietschels Vorfahren die Pfefferküchlerei gegründet haben. Gegenüber der Bäckerei steht das Geburtshaus des klassizistischen Bildhauers. Goethe und Schiller, wie sie vor dem Nationaltheater in Weimar stehen, stammen von dem Pulsnitzer Künstler. Inzwischen stellt der Rietschel-Kulturring e. V. in der Ostsächsischen Kunsthalle der Stadt Skulpturen und grafische Werke aus. Man sollte anfangen, auch den Pfefferküchlern Denkmale zu bauen. Sie haben es verdient. Sie machen die Stadt berühmt. Deshalb kommt man nach Pusnitz.

< 144 | 145 >

Pulsnitz

Ernst Rietschel Kulturring e. V.
Rietschelstraße 16 | 01896 Pulsnitz | Telefon 035955 44246
Pfefferkuchenmuseum und Schauwerkstatt am Markt | www.pulsnitz.de

Zwischen allen Stühlen

*Das schönste Stuhlbaumuseum Deutschlands befindet sich in **Rabenau**. Vor dem Rathaus plätschert der Stuhlbrunnen.*

Sitzen gehört eigentlich nicht zur menschlichen Natur. Es krümmt das Kreuz, es staucht das Rückgrat, es quetscht den Magen. Viel bequemer liegt der Mensch, aber dann ist er am Boden. So war es immer, doch die Pharaonen im alten Ägypten erhoben sich über die da unten. Die Herrscher zeigten ihre Position auf einem Hochsitz, auf dem Thron ihres Machtbesitzes. Die europäischen Fürsten und Könige standen ihnen alsbald in nichts nach. Sie setzten sich über ihre Untertanen hinweg. Diese hohe Position hat etwas Grundlegendes, denn die Sprachen der Welt kennen vor allem dieses eine Wort: Stuhl. Stuol hieß es im Alt- und Mittelhochdeutschen. Die Niederländer sagen Stoel, die Engländer Stool, die Schweden Stol, die Russen Stul. Denn der Sitz war ja im Grunde nichts weiter als ein Gestell, um sich zu erheben. Deshalb sprechen wir ebenso vom Dachstuhl. Und wenn sich einer in einem Gestell nach oben transportieren lässt, dann befindet er sich im Fahrstuhl.

Das europäische Bürgertum konnte es im 16. Jahrhundert nicht mehr mit ansehen, wie nur die Oberen saßen. Also baute es sich seine eigenen Stühle. Und schon setzten sie sich durch. Überall saßen plötzlich Menschen, fühlten sich steif, aber obenauf. Sie entwickelten neue Perspektiven. Die Zeit des Rumlungerns war vor 400 Jahren vorbei. Jetzt musste alles sitzen. Unser täglich Stuhl gib uns heute, hieß die Devise der Sitzrevolution. Das Möbel ist nichts weiter als die popularisierte Version eines archaischen Machtinstruments. Bürger aller Länder, setzt euch!

Handwerker in Rabenau gehörten zu den Ersten, die den Sitztrend erkannten und Stühle bauten, was das Holz hielt. So entstand Deutschlands erste Stuhlbauerstadt. Und heute ist sie die älteste des Bundes. All das lernt der Besucher im Stuhlbaumuseum. Dort sind die Sitzgelegenheiten der verschiedenen Epochen zu sehen. Vom kargen Hocker bis zum gepolsterten Schemel. Zudem klärt das Museum darüber auf, wie die Stühle einst zusammengezimmert wurden. Am Ende ging es darum, wie der Mensch seine Bequemlichkeit wiederfindet. Die hatte er ja zwischenzeitlich zwischen den Stühlen verloren. So reicht das Angebot vom hochgezüchteten Design-Bürostuhl bis kuscheligen Knautschsack. In Ägypten lümmeln viele Menschen übrigens nach wie vor am liebsten am Boden und bleiben auf dem Teppich. Auch die Japaner glauben nicht an den heiligen Stuhl. Nur die Rabenauer verkünden das Heil des Sitzens, denn sie leben noch immer davon. Obwohl es völlig unmenschlich ist.

Rabenau

Museum und Verein DSM e. V.
Lindenstraße 2 | 01734 Rabenau | Telefon 0351 6413611
www.deutsches-stuhlbaumuseum.de

Versteckte Renaissance

Auf einer keilförmigen Felsklippe in **Radeberg** steht das Schloss Klippenstein als großartiges Zeugnis der Renaissance.

69

Am Radeberger Ortseingangsschild steht: Bierstadt. Dazu passend gibt es Fleisch-, Wurst- und Käseproduzenten. Der Ort ist ein kulinarisches Gewerbegebiet. Doch wer über den Tresen des täglichen Bedarfs hinausschaut, entdeckt zwischen Mietshäusern und Einbahnstraßen ein fast 750 Jahre altes Renaissance-Schloss. Als »Castrum Radeberch« stand es 1289 erstmals in einer Urkunde. Wie eine Überraschung stehen die Mauern auf einer keilförmigen Felsklippe. Der Name sagt mehr als jede Beschreibung: Schloss Klippenstein. Es war Moritz von Sachsen, der das Gemäuer ab 1553 zum Jagdschloss umbauen ließ. Heute gilt das Schloss samt Schwarzküche und Schatzkammer als großartiges Zeugnis der Renaissance. Auch wenn Teile abgerissen wurden, auch wenn in den Jahrhunderten die Besitzer nach eigenem Bedarf und finanziellen Möglichkeiten umbauten, blieb die Grundstruktur erhalten. Eine feingliedrige, logische Architektur, die an kleinen Details erkennen lässt, mit wie viel funktionaler Weitsicht hier gebaut wurde.

Im 18. und 19. Jahrhundert diente der fürstliche Besitz als amtliche Verwaltungsburg. Und die meisten Radeberger wissen genau Bescheid, wenn von Familie Langbein die Rede ist. Das waren immer die obersten Verwalter. Einer jedoch kümmerte sich wenig darum. August Friedrich Ernst Langbein erblickte 1757 als erstes von 15 Kindern auf dem Schloss das Licht der Burg. Der Bursche muss einigermaßen beeindruckt gewesen sein von der elterlichen Behausung, denn er abenteuerte durch das Gelände, das seine Fantasie in Gang brachte. Dennoch fühlte er sich eingesperrt, später beschrieb er seine Gefühle in seiner Erzählung »Der Gefangene«. August Friedrich brach das Gesetz der Familie, denn er weigerte sich, als ältester Sohn die Amtsgeschäfte des Vaters zu übernehmen. Er schrieb lieber Bücher. Allerdings verprellte er damit den alten Herrn, bekam keine Unterstützung und lebte ziemlich ärmlich in Berlin.

Einige Jahre ging das wohl so, dann zwang die Not den Literaten, die Seiten zu wechseln. Er arbeitete als Berliner Zensor für schönwissenschaftliche Schriften. Seine Arbeit nahm er so ernst, dass er die eigenen Werke aus den Katalogen der Leihbibliothek strich. Ob aus Scham oder vorauseilendem Gehorsam, ist nicht überliefert. Jedenfalls sind sämtliche Geschichten von ihm und dem Schloss im Museum zu erleben. Und eine historische Böttcherwerkstatt zeigt zudem das alte Handwerk. Fässer wurden schon immer gebraucht, nicht nur für Radeberger Bier.

< 148 | 149 >

Radeberg

Museum Schloss Klippenstein
Schloßstraße 6 (Nähe Markt) | 01454 Radeberg | Telefon 03528 442600
www.schloss-klippenstein.de

Die Lüge
im Museum

Collage aus Schnipseln
von Postkarten und
Magazinen unter
chinesischen Schirmen im
Lügenmuseum im Gasthof
Serkowitz in **Radebeul**.

Ernst Thälmann steht in einer dunklen Ecke. Sein Bronzekopf trägt einen Stacheldrahtkranz, auf seiner Nase steckt ein Gummipfropfen. Der Arbeiterführer als Jesusclown. In einem Flur lehnt an einer Wand eine wacklige Leiter mit kaputten Sprossen. An einer der Sprossen hängt ein Zettel, auf dem steht:»Aufschwung Ost«. Vor einem Gemälde mit Segelschiffen wackelt ein chinesischer Fächer hin und her. Er wedelt den Booten Luft zu, denn sie brauchen ja Wind, um vorwärtszukommen. Aus einem Radio blubbert der Originalton der untergehenden Titanic, so verkündet es ein Schild an dem Sendegerät. In dem Radio steht ein Glas voll Wasser, das mit Luft bepumpt wird. Blubblubblub. Wahre Dinge sind wie umgekehrt.

Jedenfalls ist das im Lügenmuseum in Radebeul so. Im Gasthof Serkowitz, einem der ältesten Gasthöfe der Hoflößnitz, gibt es kein Bier mehr, es riecht nicht nach Bohnensuppe, sondern nach Verrat. Die Lüge ist die Fortsetzung der Wahrheit mit anderen Mitteln. Das sagt der Mann, der diese Sammlung der unnützen Dinge ausstellt, um zu verwirren, zu verstören, zu ermuntern. Der Mensch, der es sich bequem eingerichtet hat, soll bei dem Unbequemen seine Werte überdenken. Reinhard Zabka mag die Unbequemlichkeit, er bastelt sie sich immer wieder neu zusammen. Der 63-Jährige reicht dem Gast beim Eintritt in sein Reich ein Glas, ein leeres Glas, einen Lungentee, den die Mystikerin Hildegard von Bingen schon aufgebrüht haben soll. Heiße Luft. Die hilft dagegen und dafür, sagt der Künstler.

Wer eintaucht in diese Inszenierung des Gesellschaftsmülls, kann sich schnell verlieren. Alles bewegt sich hier, jeder Gegenstand wird ins Gegenteil verkehrt, es blinkt, es tönt, es wackelt. Aus Postkarten klebte Reinhard Zabka schon zu DDR-Zeiten große Collagen, es waren Bilder seiner Sehnsuchtsorte, die er zerschnitt und neu zusammensetzte. Auch dies zeigt er. Sie brachten ihm Ärger ein, weil auch Bilder aus Italien und dem anderen Deutschland dabei waren. Seine Heimat DDR war eine Heimat der Lügengeschichten, nichts stimmte mit dem überein, was er sowieso nicht glaubte. Es war alles eine Illusion. Das hat sich nicht geändert, sagt Zabka. Er stellt sich mit seinen Objekten gegen die Zeit, gegen den Minimalismus, der alles reduziert, auch die Bedeutung. Er frönt dem Maximalismus, der die kleinen Dinge größer macht, um vorzutäuschen, was sie sein könnten oder auch nicht. In diesem Museum ist die Lüge zu Hause, ein großer Bluff. Aber hier steht es wenigstens draußen dran. Den Rauswurf aus dem Gasthof erwartet Zabka dennoch täglich.

Radebeul

Lügenmuseum
Gasthof Serkowitz | Kötzschenbrodaer Str. 39 | 01445 Radebeul | Telefon 0176 99025652
www.lügenmuseum.de

Hinterm Mond geht's weiter

71

Oberhalb der Weinberge auf dem Jakobstein, 120 Meter über der Elbe steht die Sternwarte **Radebeul**. Dazu gehört ein Planetarium, in dem der Sternenhimmel erforscht werden kann.

Den Kopf in den Nacken legen und nach oben blicken – das ist die Grundhaltung eines Sternguckers. Vielleicht gibt es die Kometen da oben gar nicht mehr. Aber sie schicken uns ihr Licht. So können wir sehen, was vorhanden ist oder war. Gestirne zeigen immer Vergangenheit, und genau die fasziniert. In Radebeul kann jeder betrachten, was sich über uns abspielt. Ein himmlisches Theater, das 1959 mit dem Bau einer Holzhütte samt Schiebedach auf dem Balkon Radebeuls begann. Das Gelände oberhalb der Weinberge auf dem Jakobstein, 120 Meter über der Elbe, schien wie geschaffen dafür zu sein, den Stars näherzukommen. Dabei half ein Newton-Spiegelteleskop mit 18 Zentimeter Spiegeldurchmesser und 1,40 Meter Brennweite. Mit dem Gerät ließ sich die Unendlichkeit erahnen. Aber auf Ahnungen baute die DDR nicht, sie wollte wissenschaftliche Grundlagen. Deshalb klärte der Astronomie-Unterricht Schüler darüber auf, dass das Universum nicht aus einem göttlichen Schaffensprozess entstand. Ein Schöpfer war weder auf einer Wolke noch hinterm Mond zu besichtigen.

Die Sternwarte bekam Unterrichtsräume, später ein Planetarium, denn die Gestirne faszinierten nicht nur den Nachwuchs, sondern auch die Großen. Auf der Erde gab es Grenzen, über dem Land jedoch schien alles möglich zu sein. Das Weltall ließ sich von Radebeul aus erobern. Mit Glück waren die Sputniks zu erkennen, die wie Sterne leuchteten und als einzige Himmelskörper für die Zukunft flogen. Beim Anschauen sollte es nie bleiben. Die Sternwarte war und ist pädagogisches Institut. Hier wird gelernt und begriffen. Und wer noch mehr will, kann eine Sternenpatenschaft übernehmen. Dafür bekommt der Pate eine Urkunde und weiß, dass er für seinen Star da ist, der mehr zu sein scheint als eine Sternschnuppe.

Radebeul bietet inzwischen alles, was zu einer modernen Sternwarte gehört. Und im Foyer erzählen originale Ausstellungstücke von der Geschichte der Himmelsbeobachtung, ein Südhimmelsprojektor aus dem Jahr 1926 von Carl Zeiss Jena gehört ebenso dazu wie ein Foucaultsches Pendel, das die Erdrotation anschaulich demonstriert. Im Planetarium entwickelt sich dann vollends der Sternenzauber. Denn das Himmelszelt entfaltet sich bei jeder Wetterlage, und ganz nach Wunsch werden Vergangenheit und Gegenwart gemischt, oder die Himmelsrichtungen bieten neue Orientierung. Die Sterngucker stehen derweil in Bronze draußen auf der Wiese. Sie warten. Vielleicht kommen irgendwann die Außerirdischen.

Radebeul

Volkssternwarte »Adolph Diesterweg«
Auf den Ebenbergen 10a | 01445 Radebeul | Telefon 0351 8305905
www.sternwarte-radebeul.de

Man gönnt sich ja sonst nichts

Ein Refugium der Erholung schuf sich Graf Wackerbarth in **Radebeul.** Eingebettet zwischen den Weinbergen, liegt das Belvedere.

Ein Schloss im Weinhang, die Reben symmetrisch aufgestellt wie in einem französischen Garten. Am Fuße des Berges Sonnenschirme, auf Gartenstühlen sitzen lässig Menschen und schlürfen genussvoll Wein und Sekt. Hier lebt die Leichtigkeit des Seins und des Scheins. Sorgen müssen draußen bleiben.

Schloss Wackerbarth, die zweitälteste Sektkellerei Deutschlands, will edler Sommersitz der Unbeschwertheit sein. So wollte es schon der erste Besitzer, Generalfeldmarschall und Reichsgraf Christoph August von Wackerbarth. Der Kabinettsminister Augusts des Starken ließ sich zwischen 1727 und 1730 von Landesbaumeister Johann Christoph Knöffel das Schloss »Wackerbarths Ruh« nebst achteckigem Belvedere von Matthäus Daniel Pöppelmann und Französischem Garten als Alterssitz erbauen. Es sei ihm nachträglich gegönnt.

Denn im lockeren Verwitterungsgestein der Radebeuler Elbhänge reifen bis heute die Trauben des Rieslings, Elblings und Kerners für eine exklusive Cuvée. Der Wein für den Sekt gärt in der Flasche wie in der französischen Champagne, um neben anderen Weinen eine einmalige Sekt-Rarität liefern zu können. Sie trägt den Namen Bussard Royal. Der Tropfen perlt ganz leicht im Mund, lebt mit zartem nussigem Geschmack auf der Zunge auf, gleitet edel-herb hinab, erfrischt die Sinne.

Auf den Etiketten stand zu DDR-Zeiten, dass dieser Sekt im Champagner-Verfahren hergestellt wird. Eigentlich ein Unding, denn den Deutschen wurde die Bezeichnung »Champagner« für ihre Sektmarken im Versailler Vertrag ein für allemal verboten. Dennoch ist es wahr. So ist das in Radebeul, seit 1836 finanzkräftige Dresdner Bürger hier die Fabrik für »moussierende Weine« gründeten. Sie sicherten sich das »savoir-faire« der Grande Nation in Sachen Schaumwein. Von 1848 bis 1858 war ein Monsieur Camuset aus der Champagne Kellermeister in der Elbestadt. Als »Niederlößnitzer Champagnerfabrik« bestand die Kellerei bis 1897, wurde dann in »Sektkellerei Bussard« umfirmiert, ging zu DDR-Zeiten ins volkseigene Weingut ein, und 1992 sicherte sich das Sächsische Staatsweingut Wackerbarth die Markenrechte.

Neben der barocken Anlage entstand in den 1990er-Jahren ein glasmodernes Produktionsgebäude, wo der Kellermeister seine Kunst zelebriert. In den alten Gewölben genießen Kenner und solche, die es werden wollen, sächsische Leckereien. Man gönnt sich ja sonst nichts.

< 154 | 155 >

Radebeul

Sächsisches Staatsweingut GmbH | Schloss Wackerbarth
Wackerbarthstraße 1 | 01445 Radebeul | Telefon 0351 8955-310
www.schloss-wackerbarth.de

397 Stufen
im Dauerlauf

73

Die Spitzhaustreppe in **Radebeul** ist für jeden eine sportliche Herausforderung. 100-mal treppauf – treppab ist wie eine Expedition auf den Mount Everest.

Wenn es das ganze Jahr aufwärts geht, fühlt sich das bestimmt gut an. Schritt für Schritt nach oben, sieben Tage, 52 Wochen, 365 Tage. Die Idee gibt es in Stein: 52 Absätze mal sieben Stufen macht eine Jahrestreppe. Sie läuft in Radebeul 411 Meter lang und 87,41 Meter hoch zum Spitzhaus und ist damit die längste barocke Treppenanlage der Welt. Rekord.

Die Idee stammt von Baumeister Matthäus Daniel Pöppelmann, entworfen für August den Starken, der das entzückend fand. Allerdings darf heute der Aufsteiger die ersten 32 Stufen ignorieren, denn als die Riesenstiege nach Pöppelmanns Tod 1747 bis 1750 gebaut wurde, bekam sie 390 Stufen und während der Sanierung 1992 insgesamt 397 Stufen mit 57 Absätzen. An der östlichen Stützmauer steht deshalb auf einer Tafel: »Damit der Volksmund Recht behält, wird künftig erst ab hier gezählt. Von hier an ist es wirklich wahr, bis oben hin ergibt's ein Jahr.«

Aufwärts geht es durch das Weingut Hoflößnitz. Man geht am Weinstock – vorbei. Steil keuchen sich die meisten hoch, es japst die Lunge, es pumpt das Herz, die Muskeln in den Schenkeln werden sauer. Aber Achtung, es kann passieren, dass eine durchtrainierte Frau oder ein Kerl an dir vorbeitrippeln. Sie üben den Aufstieg zum Mount Everest. Während Stufennormalverbraucher den Handlauf benutzt, will der Spitzensportler einen Spitzhaustreppenlauf. Der funktioniert so: 100-mal 88,48 Meter hoch und 100-mal 88,48 Meter runter, einmal höchster Gipfel der Erde und zurück. Ein Doppelmarathon mit schlappen 79 400 Stufen. Ein Schweizer, Sepp Schreiber, hält seit 2012 mit 13:47:22 Stunden den aktuellen Rekord. Respekt. Als schnellste Dame lief die Deutsche Kristina Tille in 17:30:22 Stunden die Strecke. Noch ein Rekord. Respekt, Respekt! Die meisten Menschen verlieren schon die Kondition, wenn sie nur die technischen Daten für den Lauf lesen. Aber zum Trost sei angemerkt, dass von 700 Teilnehmern nur zwei Frauen und 28 Männer das Ziel überhaupt erreichten. Die Schinderei weist darauf hin, dass es offensichtlich genug Leute gibt, die schlicht nicht ausgelastet sind.

Oben allerdings erwartet das Spitzhaus seine Gäste. Schon seit 1622 steht hier das hohe Haus. August der Starke schlenderte daselbst später mal mit seiner Mätresse, der Gräfin Cosel, in den siebten Himmel, um einen Höhepunkt zu erleben. Aber das ging schon damals nur Schritt für Schritt, jede neue Stufe eine Herausforderung. Angela Merkel nannte das später die Politik der kleinen Schritte.

< 156 | 157 >

Radebeul

Spitzhaus Radebeul
Spitzhausstraße 36 | 01445 Radebeul | Telefon 0351 8309305
www.spitzhaus-radebeul.de

Die Villa des Tee-Millionärs

An der Hauptstraße in **Radebeul** überrascht der Bilck auf eine repräsentative Villa. Der Erfinder des Teebeutels ließ sie sich 1889 bauen.

74

Am Ortsausgang von Radebeul geht es merkwürdig zu. Neben einem Werksgelände, das an Schlichtheit kaum zu unterbieten ist, ragt eine Villa heraus. Zweieinhalb Hochetagen groß, kompakt, unterbrochen durch zarte Details, Figuren, Balkon, Drempelmalerei, flaches Dach. Das Haus könnte so in Italien stehen, doch irgendetwas ist anders. Es fehlen die Fensterläden, es fehlt die Leichtigkeit. Das ist kein Original, sondern eine Kopie.

Tatsächlich. Hier wirkte ein Architekt, der sich dem Historismus verschrieben hatte, einem Stil, der auf ältere Architekturformen zurückgriff. Anleihen bei der Renaissance sind unübersehbar. Dem Unternehmer, der sich die Villa 1889 errichten ließ, gefiel es. Otto E. Weber hieß der Mann, der es sich in seiner Pensionszeit in dem Haus wohlergehen ließ. Damit ihm die Altersruhezeit nicht zu langweilig wurde, lud er sich wöchentlich eine Gesellschaft zum Tee ein. Kein Wunder, schließlich beruhte sein Reichtum auf der Gründung einer Teefabrik. Er vertrieb Tee in kleinen, gepressten Würfeln. Es mangelte also in dem Haus nicht an verschiedenen Sorten für das heiße Aufgussgetränk. Schnell sprach sich in Radebeul herum, dass bei Webers gemütlich gebabelt wurde, und so bekam die Villa den Namen Teehaus.

Der Architekt saß gelegentlich ebenfalls dabei. Carl Käfer kam 1856 in Radebeul auf die Welt, die er nach seinem Bilde bebaute. Rund 80 Häuser in der Stadt plante der Baumeister. Er verkäferte den Ort zwischen Zillerstraße, Niederlößnitz, Einsteinstraße und Augustusweg. Wer heute eine der teuren Immobilien erwirbt, so er noch eine bekommt, wird mit der Geschichte des Architekten konfrontiert. Aber ohne Zweifel gehört die Teehaus-Villa zu den imposantesten Projekten.

Heute dürfen Kunden in dem Haus Teebeutel erwerben, jene Aufbrühsäckchen, die ebenhier erfunden wurden. Jedenfalls eine spezielle Art davon. Sachsen waren ja bekanntlich schon immer erfinderisch, wenn es darum ging, sich das Leben zu erleichtern. Das Unternehmen gehört heute zur Düsseldorfer Firma Teekanne. Denn die Besitzer stammen aus Dresden und erinnerten sich nach 1990 an die Qualitätsprodukte aus Radebeul. Die gab es übrigens in der DDR in ockerfarbenen Packungen, und darauf stand: Teehaus. Vor allem aber exportierte der enteignete Betrieb nach Holland. Die alte Villa wurde 2011 aufgefrischt, leuchtet wieder wie in alten Zeiten. Das würde dem Unternehmer Weber und den Architekten Käfer sicher freuen. Denn nichts ist besser als abwarten und Tee trinken.

Radebeul

Teehaus
Meißner Straße 45 | 01445 Radebeul | Telefon 0351 893126-116
www.teehaus-tee.de

Flirt mit der Schönheit

Eingang zur Villa
Sorgenfrei in **Radebeul**.
Der Stil schwankt zwischen
Rokoko und Klassizismus.
Heute gehört das Haus
zu den exklusiven
Restaurants Sachsens.

Für ein edles Essen braucht es ein feines Ambiente. Anfang 2000 gab es dafür bei Dresden nur eine exklusive Adresse: die Villa Sorgenfrei in Radebeul. Das hat sich geändert, aber nicht, weil die Radebeuler Villa nicht mehr fein genug wäre, sondern weil inzwischen viele edle Restaurants in und um Dresden Gäste einladen. Zudem war die Sanierung des alten Herrensitzes nicht eben sorgenfrei. Im Gegenteil, der Aufwand überstieg oft die Mittel, denn jedes Detail eines Denkmals verlangt meistens mehr Finanzen, als vorauszuplanen sind. Dieses Haus im Augustusweg 48 erforderte besondere Sorgfalt, denn es handelt sich nicht um ein Gebäude, sondern um einen 7 000 Quadratmeter großen denkmalgeschützten Komplex aus einem zweigeschossigen Herrenhaus mit u-förmigem Grundriss, dahinter das etwas größere eingeschossige Presshaus mit Stallungen plus Lustgarten. Zwischendrin verging der damaligen Bauherrenfamilie Hanson die Lust, denn sie spürten permanent, wie ihnen das Geld aus den Händen rann, ohne dass spürbar etwas zurückkam. Über vier Millionen Euro steckten sie in den Bau, retteten ihn vor dem Verfall und mussten 2004 letztlich Insolvenz anmelden. Bei der Zwangsversteigerung ging das liebevoll wieder zum Leben erweckte Kleinod für 1,6 Millionen Euro weg. Bitter.

Schon im 18. Jahrhundert stand hier an dem Weinberg ein Gut. Der Dresdner Bankier Christian Friedrich von Gregory hatte es von seinem Vater geerbt und ließ das Ensemble im eigenwilligen Dresdner Zopfstil umbauen. Der Stil schwankt zwischen Rokoko und Klassizismus, die reichen aufgeklärten Bürger wollten einfacher als der Adel bauen, nicht so verschnörkelt, aber dennoch orientiert an der Antike. Ende des 18. Jahrhunderts wirkte das irgendwie altmodisch, gerade so, als wollte der Bauherr die Zopfperücke des Adels neu erfinden. Ganz frei von adligen Attitüden schien der Bankier wohl nicht gewesen zu sein, denn auch den Namen Sorgenfrei übernahm er vom Adel, dem Schloss Sanssouci, das Friedrich der Große in Potsdam erbauen ließ.

Wer heute in dem Garten sitzt, im Restaurant verweilt oder in einem der 14 Zimmer des Hotels übernachtet, kann all das genießen. Sorgenfrei ist wie ein kleiner Flirt mit der Schönheit, die Leichtigkeit des Seins erlebt hier ihre Auferstehung. Und wer es sich leisten kann, der bleibt ganz ohne Sorgen. Und wer es sich nicht leisten kann, darf trotzdem durch den kleinen Park spazieren. Auch das ist ein Erlebnis.

Radebeul

Villa Sorgenfrei
Augustusweg 48 | 01445 Radebeul | Telefon 0351 7956660
www.hotel-villa-sorgenfrei.de

Residenz
des Sommers

Das Schloss in **Rammenau**
erzählt die Geschichte
einer barocken Sommer-
residenz. Spiegel in allen
Räumen eröffnen ver-
blüffende Perspektiven.

Karrieregeile Neureiche scheitern immer dann, wenn sie sich überschätzen. Sie überschätzen sich immer. Das ist nicht neu. Schon ein Kammerherr Augusts des Starken meinte, er könne sich ein Schloss nicht nur leisten, sondern es luxuriös sanieren. Er kaufte ein heruntergekommenes Rittergut, heuerte einen Architekten und Handwerker an, ließ bauen, bezahlte nicht und legte nach immer neuen Treueschwüren einen klassischen Konkurs hin. Zehn Jahre zog sich das hin, von 1721 bis 1731. Ernst Ferdinand von Knoch hieß der Prachtknabe, Schloss Rammenau sein Protzprojekt. Der Emporkömmling verlor Posten und Pulver, musste fliehen und flog anschließend aus dem Adelsstand. So konsequent sollte man heute mal mit Pleitiers umgehen.

Nachträglich dürfen die Sachsen Knoch allerdings dankbar sein, dass er über seine Verhältnisse lebte, denn so steht heute in der Lausitz eine hübsche Sommerresidenz, die der Besetzung sowohl durch die Preußen als auch die Russen standhielt. Friedrich der Große richtete hier im Siebenjährigen Krieg zeitweise sein Hauptquartier ein. Er hasste die Sachsen und meinte, sie seien ein wunderbarer Mehlsack. Man könne drauf rumhauen, solange man wolle, es käme immer noch was raus. Es ist gut vorstellbar, wie er das Schloss verließ. Die Rote Armee kam im Mai 1945 nach Rammenau und entdeckte das Schlösschen für sich. Auch ihr radikaler Umgang mit Kulturgütern des Adels ist legendär. Das Schloss ertrug es mit bewundernswerter Duldsamkeit. Die Substanz hielt, nach 1990 übernahm der Freistaat das Objekt und investierte in den architektonischen Schatz.

So können heute Besucher betrachten, was barocker Geschmack einst hervorbrachte. In der ersten Etage öffnen sich Türen zu einem chinesischen Zimmer. August der Starke kannte die Reisebeschreibungen Marco Polos, der die hiesigen Vorstellungen von allem Chinoisen maßgeblich geprägt hatte. Dem Sachsenherrscher erschien der kaiserliche Wohnsitz als grandioses Vorbild, der Kammerherr tat es ihm nach. Spiegel im großen Saal vervielfachen die Pracht, und bei Konzerten kann ein Kammerorchester zur Philharmonie wachsen. Wer danach nicht mehr nach Hause will, nächtigt in der Schlosssuite und lässt sich von Kammerzofen verwöhnen.

Gäste lernen am Ende noch dazu, denn der Philosoph Johann Gottlieb Fichte erblickte 1762 in Rammenau das Licht der Welt, was im schönsten Dorf Sachsens ausführlich erklärt wird. Natürlich, man muss mit seinen Pfunden wuchern.

< 162 | 163 >

Rammenau

Schloss Rammenau
Am Schloss 4 | 01877 Rammenau | Telefon 03594 703559
www.barockschloss-rammenau.de

Bühne frei
für Felsen

Vom Kurort **Rathen** führt
ein steiler Weg an den
Felsen vorbei zur Bastei
mit ihrem Aussichtspunkt,
der täglich von Hunderten
von Touristen belagert wird.

77

Rathen wäre ohne R Athen. So sagen es Rathener. Wie ein unfreiwilliger Freizeitpark mit Akustikdenkmal, Modelleisenbahn, Stromfähre, Hotels, Gaststätten, Wasserfall, Paddelsee und Naturbühne empfängt der Ort seine Gäste. Wie angeknabberte Süßigkeiten stehen die Felsen links und rechts, der Bienenkorb, der Honigstein. Ein felsiges Tiergehege kuschelt sich an das Städtchen, die Große und die Kleine Gans, das Lamm, das Storchennest. Nur der Talwächter verfolgt bedenkenschwer das Treiben zu seinen Füßen. Über allem thront die Bastei.

Eine Ideallandschaft für Romantiker, entdeckt als touristisches Ziel Ende des 18. Jahrhunderts. Bauern und Holzfäller schulten zu Bergführern oder Gepäckträgern um, vermieteten Zimmer und ließen ihre Töchter als Harfenmädchen an den romantischsten Orten die Saiten zupfen. Pfingsten 1812 verkaufte erstmals ein Lohmener Fleischer auf der Bastei Würste, Brot und Wein. Die Geburtsstunde des Panoramahotels. Das lebt noch heute vor allem davon, dass Busse fast bis zur Aussichtsplattform vorfahren, Städter auskippen, die nur einen Sandsteinblick erhaschen, aber vor allem essen wollen, sie wieder einsammeln und in ihre Komfortzonen fahren. Felsen-Quickie für Fußlahme als Reiseattraktion.

Die Verlockungen wurden noch ausgefeilter inszeniert. Und so entstand 1936 im Wehlgrund unterhalb der Bastei die Felsenbühne Rathen. Die Sandsteine boten beste Kulissen für Räuberspiele oder für Karl Mays Fantasien. Hier wurden seine Festspiele erfunden. Das war 1938, und die Erinnerung ruft leider braune Flecken in der Geschichte auf. Aber die Bühne kann nichts dafür. Würde es sie nicht geben, müsste man sie sofort erfinden. Freilichtspiele, Spielplatz für große Jungs, denen der Sandkasten zu klein wurde. Indianer jagen mit Pferden über den Sand, Cowboys müssen schießen und Rothäute mit Schnaps abfüllen. Irgendwann werden sie Freunde, Blutsbrüder. Es könnte so schön sein auf der Welt, wenn man das Theater nicht verlassen müsste.

Hier lohnt der Abstecher in die Realität. Auf dem Amselsee kann gepaddelt werden. Am Ende des Sees legen sich Zweige über die Boote. Wenn man will. Dann küsst man die Liebste. Romantik ist die höchste Form aller Verführungskünste. Vom Amselsee zweigen Wanderrouten in alle Richtungen. Und unten an der Elbe liegt eine Anlegestelle, wo die Dampfer halten und das Publikum zurücktragen in seine Heimathäfen. Mit R wäre Athen Rathen. Auch das ist eine schöne Vorstellung.

< 164 | 165 >

Rathen

Landesbühnen Sachsen
Meißner Straße 152 | 01445 Radebeul | Telefon 0351 89540
www.felsenbuehne-rathen.de

Stilles, weißes Tal

78

Rehefeld gehört zu den abwechslungsreichsten Winterorten Sachsens. Hier können Urlauber rodeln, Skier fahren oder mit dem Motoschlitten über die Schneefelder rasen.

Es kann schon passieren, dass an diesem Ort stundenlang kein Mensch zu sehen ist. Hier lauert das Vergessen, senkt sich Stille auf die Wiesen. Die alte Schule am Waldrand fiel in sich zusammen. Baum an Baum kühlt das Sonnenlicht, Rehe wandern übers Feld. Auch ein Elch lief hier schon auf, aber keiner käme auf die Idee, den Ort in Elchfeld umzubenennen. Das Tier hatte sich verirrt.

Von 600 Metern geht es rauf auf über 800. Und wieder runter. Im Winter hetzen Fremdlinge an den Wochenenden mit ihren Skiern und Schlitten an den Hang, um sich im Schnee zu kugeln oder lässig ihre Bretter zu schwingen. Kinder mögen es, sich in die dicken, aufgeblasenen Rundschlauchboote zu setzen und nicht auf Wasser, sondern Eis lachend herabzurasen. Die Eltern befürchten das Schlimmste, aber zahlen unten an der Kasse, denn der Nachwuchs fordert eine neue Runde. Mögen sie mitfahren, denn da dürfen auch die Großen mal ins Rutschen kommen.

Einen Schneeballwurf daneben läuft der Sessellift auf den Kamm. Alpine Freizeitsportler wedeln sich durch den Schnee. Schon zu DDR-Zeiten galt der Skihang in Rehefeld den Mutigen mehr als die Abfahrt in Altenberg. Erst später, als sie die Alpen bestaunen durften, war klar, welch lächerliche Dimension das Osterzgebirge bietet. Aber genau diese kleine Form macht den Reiz aus. Rund um Rehefeld sind auch Loipen gespurt. Wer über Kondition verfügt, treibt sich bis zum Kahleberg, wo auf dem Gipfel in einer Hütte ein kleiner Imbiss gereicht wird, um neue Kräfte zu mobilisieren. Spätestens jetzt schwärmen vor allem Dresdner, wie schön es doch ist, dass nur wenige Kilometer von der Landeshauptstadt entfernt eine Winterwunderwelt existiert, die ihre Schönheit nicht verloren, sondern in den vergangenen Jahren ausgeweitet hat.

Kein Katzendreckgeruch steigt mehr über die Hügel, kein ewiges Gedränge an einem einzigen Lift, sondern jetzt ist die Luft rein, es kann mit dem Motorschlitten das Gelände erkundet oder Schlepp- und Sessellift benutzt werden. Die Gemeinde gehört seit den 1990er-Jahren zur Stadt Altenberg, lässt sich nichtsdestotrotz nur ungern vereinnahmen von dem scheinbar übermächtigen Nachbarn, der sich ausbreitet wie eine Kleinlawine und am liebsten das Feld mit den Rehen vergessen machen würde. Wer den Winter mit seinem Trubel nicht mag, reist im Herbst an und wird beim Wandern belohnt mit einer reichen Pilzernte oder im Frühling mit unzähligen Schneeglöckchen. Vielleicht kommt auch wieder ein Elch vorbei.

< 166 | 167 >

Rehefeld

Rehefelder Lifte und Motorschlittensafaris | Telefon 035057 50001
www.winterwelt-rehefeld.de

Pilzmuseum am Leichenweg

79

Das Schloss in
Reinhardtsgrimma
ist heute Bildungsein-
richtung des Freistaates.
Besichtigt werden können
die Räume per Anfrage.
Interessant dabei sind
die historischen Fliesen.

Es gibt wenige Orte mit einem Alten Leichenweg. In Reinhardtsgrimma führt er über die Höhen mit Blick auf den Friedhof. Und nicht sehr weit weg befindet sich der Ort Elend. Da muss die Not groß sein. Zumal die Siedlung auch noch am Nordhang des Osterzgebirges liegt, eingequetscht zwischen Straßen nach Dresden, Dippoldiswalde und Glashütte. Schon immer beschwerten sich die Einwohner über zu viel Durchgangsverkehr. Dabei lohnt es sich, zu halten. Denn in Reinhardtsgrimma verbergen sich kleine, aber feine Überraschungen.

Hier steht ein Barockschloss mit einem englischen Garten, schön gepflegt, geschwungene Wege um den Teich und am Hang ein Badehaus im klassizistischen Stil. Hier muss einer gebaut haben, der nicht nur Geschmack, sondern auch Geld hatte. Der Mann hieß Christoph Lippold, der im Siebenjährigen Krieg einer verarmten alten Ritterfamilie das Grundstück abkaufte und auf dem Gelände des Gutes 1769 das bis heute erhaltene kleine Schloss errichten ließ. Mit dem Kauf verband sich eine stille Revolution, denn Lippold gehörte nicht zum Adel, sondern war ein Bürger, der mit dem Handel von Kriegsgerät zu Reichtum gekommen war. Nach 1945 wurde das Schloss enteignet und Forstschule. Nach 1990 übernahm der Freistaat das Anwesen und nutzt jetzt es als Bildungseinrichtung. Wer sich das Haus ansehen möchte, sollte sich anmelden.

Ähnlich ist es mit einer zweiten Sehenswürdigkeit. Denn die Kirche steht oben auf dem Berg, am Ende des Leichenweges, aber nicht immer offen. Dort erklingt seit 1731 eine besondere Orgel. Sie stammt aus der Werkstatt Gottfried Silbermanns. Er zählte zu den besten sächsischen Instrumentenbauern des Barock. Der gebürtige Kleinbobritzscher verstand es zudem, mit seiner Arbeit gutes Geld zu verdienen. Eigentlich sollte Silbermann damals das alte Kircheninstrument nur reparieren, aber er erklärte der Gemeinde in einem Gutachten, dass dies nicht mehr möglich sei, und empfahl einen Neubau. Derlei Lobbyarbeit ist uns heute nicht fremd. Den Preis schrieb Silbermann fairerweise gleich noch dazu: 800 Taler. Das entsprach damals dem Jahresgehalt eines gehobenen Beamten. An- und Abfahrt des Instrumentenbauers mussten zusätzlich bezahlt werden, und er forderte ein kostenfreies Quartier. Der Mann verstand sein Geschäft. Übrigens gibt es unterhalb des Leichenweges noch ein Pilzmuseum. Das sollte jeder besuchen. Es hilft, den Leichenweg nicht vorzeitig gehen zu müssen.

< 168 | 169 >

Reinhardtsgrimma

Schloss Reinhardtsgrimma
Schlossgasse 2 | 01768 Reinhardtsgrimma | Telefon 035053 407-0
www.glashuette-sachs.de

Riesige Eierei
mit Nudelholz

80

Nudelhölzer gehören zu
den Ausstellungstücken
im Nudelzentrum in **Riesa**.
Das Museum zeigt die
Geschichte des Unter-
nehmens von seiner
Gründung bis heute.

Warum freut sich die kleine Ursel? Weil Mutti weiß, was schmeckt. Sie kippt Teigwaren in einen Topf und rührt fleißig um. Die Dame agiert auf einem Plakat in Kittelschürze vor gelbem Hintergrund, hält beim Kochen eine Packung Makkaroni in den Händen. Klein Ursel hängt auf einem anderen Bild gleich daneben, lachend in Vorfreude auf die Leckerei. So warb in den 1970er-Jahren die Riesaer Nudelfabrik. Das ist liebevoll und so naiv, dass man Ursel und Mutti umarmen möchte. Ehrlicher geht Werbung nicht. Aber die beiden sind nur gemalt und zeigen sich hinter Glas in der Ausstellung des Teigwarenunternehmens. Das existiert seit 1914; seine Geschichte wird im ersten deutschen Nudelmuseum heiter nacherzählt. Historische Packungen von Eier-Fadennudeln, 425 Gramm für 1,20 Mark, aus den 1980er-Jahren oder Spaghetti-Superlong aus den 1990er-Jahren zeigen den Wandel einer Firma, die »mit voller Nudelkraft voraus« durch die Marktwirtschaft steuert. Gleich nebenan ist die Nudel-Arena, und jährlich wird die Nudel-Königin gekrönt, an jeder Ecke steht ein Nudelriese. In Riesa nudelt es wie nirgendwo.

Und weil die Nudel der Hit ist, bauten die Riesaer 2003 einen kleinen Erlebnispark für Fans der Eierteigware. Kochstudio und Verkaufsraum, Schauraum samt Besichtigung der Fabrik gehören dazu. Gläserne Produktion heißt das hier und soll zeigen, wie biologisch und von Genmanipulation befreit die Lebensmittel hergestellt werden. Wandertage von Schulklassen führen an diesen Ort, und dann landen Spaghetti oder Rigatoni in den Beuteln der Nachwuchsesser, sie lernen, wie die Löcher in die Makkaroni kommen, warum für diese in Riesa Eier in den Teig gehören, und kosten sich satt.

Als 1992 die Riesaer Produktion durch die Konsum-Zentrale in Berlin stillgelegt wurde, schien der Traditionsbetrieb am Ende zu sein. Die historischen Backsteingebäude in der Merzdorfer Straße waren abgewirtschaftet. Doch 1993 führte die ALB-GOLD Teigwaren GmbH aus der Schwäbischen Alb das Unternehmen weiter. Der Nudelriese entstand als Sinnbild regionaler Verbundenheit. Im Fabrik-Center grüßt er seitdem in Groß und Klein und wirkt so sympathisch wie Ursel und ihre Mutti. Die Marke entwickelte sich zum Liebling des Ostens, denn Qualität setzt sich durch. Im Museum warten derweil die Nudelhölzer auf neue Kunden, und auf einem Plakat aus den 1950er-Jahren steht geschrieben, was heute noch gilt: Bitte, überzeugen Sie sich selbst von der Güte und Auswahl unserer Lebensmittel.

< 170 | 171 >

Riesa

Nudelcenter Riesa | Teigwaren Riesa GmbH
Merzdorfer Str. 21–25 | 01591 Riesa | Telefon 03525 7203-55
Montag bis Freitag von 9 bis 17 Uhr | www.teigwaren-riesa.de

Kommune
im Rittergut

81

In **Jahnishausen** bei Riesa
lebt eine Kommune in
einem alten Rittergut, das
sie in den vergangenen
Jahren wieder aufbaute.
In einem der alten Ställe
hängen die Bewohner ihre
Wäsche auf.

Hinter der Zufahrt stapelt sich Holz. Für den Winter scheint vorgesorgt zu sein. Die Bewohner dieses Ortes verstecken sich an wöchentlichen Sommertagen, sie schlafen, arbeiten irgendwo in ihren Zimmern, auf dem Feld, in Riesa oder weit weg. Gartenstühle lehnen an Tischen, Blumen schauen aus Töpfen, ein Fahrrad kippt sich an die Wand, ein Dreirad steht am Start neben einem Gemüsebeet, eine Engelsfigur schläft auf einem Fenstersims. Zwischen Barock und Unsaniert gleicht dieser Hof einer Siedlung alternativen Lebens, das Normalität probt.

Das alte Gut wäre längst untergegangen, hätten Ende der 1990er-Jahre nicht Enthusiasten eine Reanimation versucht. Da waren die Gemäuer schon über 700 Jahre alt, Schutztürme trutzten hier einst im Sumpf. Die alte Handelsstraße Via Regia querte ganz in der Nähe die Gegend. Gute Infrastruktur schob auch damals schon Fortschritt an. Es entstand ein Rittergut, später ein kleines Schloss. 1824 erwarb der sächsische König Johann das Anwesen, seine Frau bat ihn, die hübschen Gebäude als Landsitz auszubauen. Er tat es ihr zuliebe. Nach 1945 diente das Gut als Sitz der hiesigen Landwirtschaftlichen Produktionsgenossenschaft.

Als 2001 Westler, wie die Dorfbewohner sie nannten, an dem Land in Jahnishausen Gefallen fanden, herrschte Skepsis. Kamen nicht schon genug Spinner, um runterzuwirtschaften, was noch runterzuwirtschaften war? Für 160 000 Mark kauften die Idealisten von drüben die verwahrloste Immobilie. Sie wollten in einer Genossenschaft zusammenleben, eine sozialistische Lebensform, die die alteingesessenen Bewohner des Dorfes im Land DDR gerade als gescheitert abgewählt hatten. Nahe Riesa trieben die Menschen andere Sorgen um, als sich um Wohngemeinschaften zu kümmern. Sollten die da auf dem Gut doch machen, was sie wollten. Sie wollten, sie stritten, rauften sich zusammen, sie sanierten. Nach und nach erhielt ein Teil der 20 Gebäude neue Räume, neue Fassaden. 40 Menschen wohnen und arbeiten inzwischen in dieser »Lebensraumgemeinschaft«. Die 72-jährige Architektin Marita Schneider gehört seit vielen Jahren dazu. Sie erklärt jedem, der den Hof betritt, dass nur der hier ankommen kann, der zur Kommune passt. Es gibt gemeinsame Beratungen in einem der großen Säle, es wird abgestimmt. So entsteht aus langen Debatten Harmonie. Das kann sich jeder anschauen oder Seminare buchen, um zu lernen, wie diese Lebensform funktioniert. Oder Besucher kommen, um die Kulturveranstaltungen zu genießen. Dann sind auch alle Bewohner da.

< 172 | 173 >

Riesa-Jahnishausen

Lebenstraumgemeinschaft Jahnishausen
Jahnatalstr. 4a | 01594 Riesa OT Jahnishausen | Telefon/AB 03525 517851
www.ltgj.de

Ein Königreich
für Schlösser

Hoch über der Elbe thront
das Schloss **Scharfenberg**.
Früher Sitz einer Adels-
familie, ist es heute Hotel
und schöner Ausflugsort.

Der Hochadel siedelte schon immer hoch oben. Idealerweise ließ er sich eine Immobilie oberhalb des Flusshangs bauen. Meistens mit Weitsicht. So wussten die
Blaublüter, was und vor allem wer auf sie zukam. An der Elbe ist das modellhaft
zu bestaunen. Ein Schloss reiht sich ans andere. Für die schlosslosen Amerikaner
beispielsweise wirkt vor allem das Hochland westlich der Elbe zwischen Meißen
und Dresden wie ein königliches Disneyland.

Eines der Schlösser versteckt sich zwischen den Bäumen auf einem Felsvor-
sprung. Ausgeschildert ist es als »Hotel Schloss Scharfenberg«, was jedoch falsche
Erwartungen aufbaut. Zwar gibt es hier wunderschöne Zimmer, in denen Gäste
übernachten können, aber tatsächlich wohnen die Gäste in einer Art Museum. Denn
das Gemäuer zählt zu den ältesten Burgen Sachsens. Vor mindestens 725 Jahren
ließ König Heinrich der Vogler die Fundamente setzen. Der Mann war Herzog von
Sachsen und wusste genau, wo es schön, aber vor allem strategisch sinnvoll war,
sich niederzulassen. Wie immer in solchen Fällen folgte dem Aufbau eine furcht-
bare Zerstörung, 1403 dann übernahm die Adelsfamilie derer von Miltitz den Besitz. Bis 1941 gehörte ihnen das Schloss. Immerhin 600 Jahre.

Vor dem Schloss findet sich ein hübscher Vorgarten mit Gewächshaus, es grünen
sich die Sträucher an den Mauern hoch, Obstbäume wachsen über sich hinaus.
Und wer hinter das Schild »Privat« einen Blick wagt, entdeckt einen Teich und einen Pool samt Liegen wie in einem Ferienhaus in der Toskana. Ein Sehnsuchtsort.
So sahen das zu Beginn des 19. Jahrhunderts auch sämtliche Romantiker, die nach
Sachsen kamen und hier dichteten oder malten. Novalis war hier, E. T. A. Hoffmann und natürlich Theodor Körner. Sie vereinten sich zum Scharfenberger Kreis,
schwelgten in schönen Zeilen, malten sich die Welt bunt und soffen sich den Kum-
mer weg. Es braucht nicht viel, um glücklich zu sein.

Nach dem Zweiten Weltkrieg war Schluss mit lustig. Da diente das schöne Versteck der DDR-Zivilverteidigung als Lager. Zugleich waren es wieder Künstler, die
hier abstiegen, um sich auszumalen, wie es sein könnte, wenn sie frei wären. Die
Belagerung behütete das Schloss vor dem Verfall. Knapp vier Kilometer entfernt
passiert heute dasselbe. Künstler bewohnen und bespielen Schloss Batzdorf und
bauen es mühsam wieder auf. Auch das gehört zur Wahrheit. Das adelige Erbe will
gepflegt sein. Romantik macht Mühe, aber zugleich und deshalb glücklich.

< 174 | 175 >

Scharfenberg

Schloss Scharfenberg
Schloßweg 1, 01665 Klipphausen | Telefon 03521 401593
www.schloss-scharfenberg.de

Das Größte und das Kleinste

Mächtig ragt die Linde in **Schmorsdorf** in den Himmel. Die Pianistin Clara Schumann verweilte hier. Unter den Blättern gehen die geheimsten Wünsche in Erfüllung.

83

Kurve, Villa, Aussicht. Mehr scheint es hier nicht zu geben. Jedenfalls auf den ersten Blick nicht. Schmorsdorf zwischen Maxen und Pirna liegt wie ein vergessenes Dorf am Straßenrand. Doch eines macht stutzig: der Blick. Das Elbtal liegt ausgebreitet, und die Sächsische Schweiz zeigt üppig ihre Berge. Für Feldherren ein strategisch weitsichtiger Platz. Sie standen hier in 300 Metern Höhe, egal, ob im Siebenjährigen Krieg oder später, als Napoleon über die Hügel zog oder die Sowjetarmee die letzten Zuckungen eines sinnlosen Volkssturms zum Stillstand brachte.

Der zweite Blick führt zu einer Linde. Der Stamm elf Meter dick, die Äste breiten sich wie das Dach einer Halle aus, die Krone 20 Meter im Durchmesser. Knorrige Rinde, deren Auswüchse Gesichter zeichnen. Gleich fängt sie an zu reden, erzählt aus 700 Jahren Geschichte. So alt soll der Baum sein. Wissenschaftler streiten sich darüber, die Linde hält ihren Geburtstag wie eine Dame geheim. Das stützt ihren Mythos. Denn wer sich still unter die Zweige setzt, dem wird angeblich jener Wunsch erfüllt, an den er gerade denkt. Natürlich darf der Sitzende nicht darüber sprechen. Wichtig ist nur die Ruhe, wer zappelt oder quatscht, dem geht nichts in Erfüllung.

Die Pianistin Clara Schumann soll zwischen 1836 und 1849 oft hier gewesen sein. Sie hatte viele Wünsche. Sie setzte sich an den Stamm des Baumes, sie schaute in die Weite, sie atmete die klare Luft. So könnte es bleiben, dachte sie. Aber es bleibt nichts, wie es ist, immer ändert sich alles. Nur dieser Baum steht seine Zeit durch und gibt Kraft.

All das erzählt auf 6,85 Quadratmetern das kleinste frei stehende Museum Deutschlands. Denn neben der Linde steht es, ein altes Spritzenhaus. Feuerwehrleute hingen seit 1888 ihre Schläuche in den Dachstuhl, damit sie immer bereit sein konnten. Später, als die Feuerwehr ein neues Haus bekam, gab es in Schmorsdorf plötzlich eine Poststelle. Das war 1992. Inzwischen bewegte sich die Post im ganzen Land von jeder Stelle weg. Es gibt in vielen sächsischen Dörfern nicht mal mehr einen Briefkasten. Und so stand auch das Postspritzenhaus bald leer. Aber es stand, wie die Linde. Und da es still stand, erfüllte sich ein Wunsch der Schmorsdorfer, die sich gern an diesem Platz treffen und auch ihre Toten an dem Baum vorbeiführen, bevor sie ihre letzte Ruhe finden.

In das Spritzenhaus kam 2006 ein Clara-Schumann-Museum. Eine wirklich gute Idee. Abbiegen in Schmorsdorf lohnt sich.

< 176 | 177 >

Schmorsdorf

Lindenmuseum Schmorsdorf
Unter der Linde 1 | 01809 Müglitztal | Telefon 035206 31056
www.schmorsdorf.de

Der große Bluff
eines Schlosses

Das Schloss in **Schönfeld** wurde in den vergangenen Jahren zum Zauberschloss. Die Ausstellung verführt die Besucher mit großer Magie.

Vielleicht ist es gar nicht da oder demnächst wieder weg. Man kann nie wissen. Hier ist alles möglich. Hokuspokus. Mal weiß, mal blau angeleuchtet, mal schwarz. Die Nacht lässt es verschwinden. Eine Brücke führt über einen Teich zum Eingang hin, alles spiegelt sich. Einst bauten hier Ritter eine Wasserburg. Das scheint so zu sein, aber zu sehen ist davon nichts mehr. Jetzt ist alles Renaissance, bestens erhalten. In Dresden schlug der Barock die Renaissance. Hier nicht. Aber kann man dem trauen?

Der Erbauer des Schlosses starb an den Folgen der Folter, weil er an Gott und nicht an die Kirche glaubte. Und das war kein Bluff. Georg Cracow, Jurist, Staatsmann und Vertrauter von Kurfürst August, hätte erzählen können, wie er leiden musste, weil er die selbsternannten Stellvertreter des Himmels und ihren religiösen Zauber nicht anerkennen wollte. Er hasste diese inszenierte Täuschung. Ja, Sachsen schaut auch auf Grausamkeiten in seiner Vergangenheit. Zwar liegt hier das Ursprungsland der lutherischen Reformation, aber die Sachsen gaben Luther überhaupt erst den Anlass für seine Revolte. Denn es war ebenfalls ein Sachse, der den Ablasshandel als Seelenverkauf dermaßen perfektionierte, dass Luther die größte Revolution am Anfang der Neuzeit entfachen konnte. Der Sündenkrämer Tetzel, geboren in Pirna, vervollkommnete den sächsischen Geschäftsgeist bis zur Perversion: Er verkaufte Eintrittskarten für den Himmel. Was für ein Bluff.

Eintrittskarten gibt es heute noch in diesem Schloss. Außen wirkt es verschlossen, zurückhaltend, umgeben von einem kleinen netten Park und Wegen für eine Wanderung über das Schönfelder Hochland. Wer den Eintritt zahlt und das Haus betritt, wird im Inneren belohnt mit Ansichten großartiger Wandmalereien, vor allem aber mit allerlei Handwerkszeug der Zauberei. Denn Magier ließen sich hier nieder, um ihre Tricks zu üben und zu zeigen. Der eine oder andere wird auch verraten, jedoch nur, wenn das Publikum sich täuschen lässt. Kisten, Würfel, Bilder, Seile, Uhren, Karten, Tücher sind die Utensilien des großen Hokuspokus. Hier verschwinden die Dinge und kehren zurück. Oder auch nicht. Und seit das Schloss zum Zauberschloss wurde, hat es seine Bestimmung gefunden. Dem kann man trauen. Es ist schlicht eine großartige Idee, die Räume so zu nutzen und Besucher zu locken. Denn es ist noch immer da, dieses Schloss. Und es verzaubert jeden, der hier herkommt.

< 178 | 179 >

Schönfeld

Schloss Schönfeld
Am Schloss 2 | 01328 Dresden-Schönfeld | Telefon 0351-2632628
www.daszauberschloss.de

Der alte Meister zaubert wieder

85

In **Schwarzkollm** lebte einst Krabat. Die schwarze Mühle des Zaubermeisters wurde von einem Verein wieder aufgebaut und ist heute Museum und Unterkunft für wandernde Zimmerleute.

Der Schriftsteller Otfried Preußler erzählte, er sei beim Schreiben des Krabat-Buches erblindet. Zehn Jahre habe er daran gearbeitet, und seine Kräfte seien geschwunden. Der Meister bestrafte den Schreiber. Denn er hatte sich in die sagenhafte Magie des Zauberers eingemischt. Der betrieb einst in Schwarzkollm seine Mühle und opferte jährlich einen Müllerburschen, um selbst zu überleben. Auch der Schriftsteller Jury Brezan begab sich in das Reich der sorbischen Legenden, allerdings mit weniger Bohei. Er kannte die Wege durch das Dorf, die Pfade im Koselbruch, er kannte den alten Bauernhof, wo Krabat lernte, sich in einen Raben zu verwandeln, sich zu behaupten und sich zu verlieben. Ein ehrlicher Kerl, ein armer Bursche, ein Lernender ohne überraschende Kräfte, die viel später der englische Zauberlehrling Harry Potter in die Zeilen gedichtet bekam. Filmreif alle beide. Die Magie wirkt.

In Wittichenau steht ein Denkmal, in Schwarzkollm seine Lehrwerkstatt. Die Mühle des Zaubermeisters entstand nach altem Vorbild wieder. Oder genau genommen nach dem Bild, das in der Zwischenzeit davon übrig blieb. Die alten Kulissen des Krabat-Filmes, der nach dem Preußler-Buch gedreht wurde, durften genutzt werden. Ein Verein baute und baut mit Elan den sagenumwobenen Müllerhof nach, ein Gesindehaus, das Haus und den Turm des Meisters und natürlich die schwarze Mühle, in der sich Grausiges abgespielt haben soll. Schließlich war der Krabat ursprünglich ein Kroate, ein Oberst, der Kurfürst Johann Georg III. im Jahr 1691 beim Feldzug gegen die Türken das Leben gerettet haben soll. Dankbar, schenkte der Fürst dem Oberst das Gut Großräschen vor den Toren Hoyerswerdas. Und weil der Mann nicht nur anders aussah, sondern ebenso eine andere Kultur pflegte, gingen schnell Gerüchte um über diesen Kroaten, der kleine Jungs zu sich holte, um sie ins Reich der bösen Magie einzuführen.

Obgleich, Fremde strömen nach wie vor in die Gegend. Das ist Fremdenverkehr. Die Touristen wollen jene Landschaft kennenlernen, wo sich der Zauber zugetragen haben soll. Literatur und Film können im besten Fall zum Reiseverführer werden. Und da im Westen Deutschlands die Krabatgeschichte berühmter war als in der DDR, kommen neben Sachsen viele der Leser von jenseits der Elbe in die Lausitz und erleben, wie es vielleicht gewesen sein könnte. Oder auch nicht. Die Magie jedenfalls wirkt bis heute.

< 180 | 181 >

Schwarzkollm

Krabat-Mühle Schwarzkollm
Koselbruch 22 | 02977 Hoyerswerda OT Schwarzkollm | Telefon 035722 951133
www.krabatmuehle.de

Weibliche Landschaft

Eine weiße Brücke führt über die Große Röder. Von **Seifersdorf** aus führt ein Weg in das Tal mit einem idyllischen Park, angelegt von der Gräfin von Brühl.

86

Mit 15 Jahren hat man sie verheiratet und in die Provinz verschickt. Aus Frankreich kam sie 1771 in ein sächsisches Dorf. Ihren Gatten lernte sie in ihrer Heimat kennen. Er war sächsischer Offizier in französischen Diensten und der Sohn des sächsischen Finanzministers Graf von Brühl. Viel gefragt wurde damals nicht, die Väter waren sich schnell handelseinig, die junge Dame landete vor dem Altar und wenig später auf dem kleinen Schloss der Brühls in Seifersdorf. Jeanne Marguerite Christine lebte plötzlich als Gräfin auf einem Rittergut. Ihr Mann war freundlich, aber selten da. Sie gebar ein Kind und widmete sich ansonsten dem Haushalt des Gutes. Und so wäre sie vermutlich ritterlich versauert, wenn sie nicht klug genug gewesen wäre, in ihrem Schicksal eine Chance zu sehen.

Tina, wie ihre Freunde sie nannten, ließ sich nicht unterkriegen, sondern lud sich Freunde ein, erkundete die Landschaft und entdeckte ganz in der Nähe das Tal der Röder, wo sie gern spazieren ging, ihre Lieder sang oder Laute spielte. Zu Hause schrieb sie sich mit Männern, von denen sie Nettigkeiten gern entgegennahm, mit denen sie aber vor allem über das Leben philosophieren wollte. Goethe gehörte zu ihren Briefpartnern. Eines Tages schrieb er ihr, dass er gerade in Weimar an der Ilm einen schicken Park gestalten lasse. B., wie ihre allerbesten Freunde sie nannten, begeisterte die Idee so sehr, dass sie sofort in ihr Tal lief, um zu schauen, ob und wie sie es in einen Garten verwandeln konnte. Sie konnte. Und wie!

Zehn Jahre nach ihrer Ankunft in Seifersdorf gestaltete sie einen der frühesten Landschaftsgärten Deutschlands. Goethe gab ihr Ratschläge, sie ließ sich Pläne aus England kommen. Die meisten Ideen jedoch entwickelte sie selbst. Kleine Tempel, Altäre, Ruheplätze, Pavillons, Grotten und Häuser entstanden zwischen den Bäumen und Wiesen. Ein romantischer Parcours. Spaziergänger liefen auf einem Fantasiepfad, gerade so, als würde sich eine Leserin durch die Seiten ihres Lieblingsromans blättern. Ein Ausflug voller Sentimentalitäten. Die Herren, mit denen sie Briefverkehr hatte, kamen gern zu Besuch. Jean Paul, Klopstock, Herder, Wieland, Körner waren hier. Und natürlich Goethe. Noch heute sind sie hier verewigt. Ein ruhiges Tal zum Schwelgen und Entdecken. Obgleich ein Tornado im Mai 2010 wertvolle Bäume entwurzelte, ist dieses Tal eines der schönsten in Sachsen geblieben. 45 Jahre lang lebte B. hier. Von ihrem Mann hat kaum einer mehr gehört, von ihr blieb ein Landschaftsdenkmal der Empfindsamkeit.

< 182 | 183 >

Seifersdorf

Förderverein Seifersdorfer Schloss e. V. c/o
Günter Zeeh | Neue Straße 5 | 01458 Ottendorf-Okrilla | Telefon 035205-451055
www.schloss-seifersdorf.de

Verzweigte Feuchtgebiete

Mit dem Kahn geht es durch den **Spreewald**. Von Leipe aus lässt sich das Flussdelta bestens erobern.

87

Sachsen könnten die Berliner aufs Trockne setzen. Die Preußen wussten das und zerkleinerten nicht zuletzt deshalb einst ihr südliches Nachbarland. Die Spree-Quellen aber bekamen sie nie. Und bekommen sie nicht. Die liegen in der Lausitz, eine davon am Kottmar. Hier sprudelt nicht ein Born wild aus dem Berg, sondern aus verstreuten Quellen des erloschenen Vulkans sickert, sprüht, spreuet sanft das Wasser. Daher der Name Spree, der Programm ist. Der Fluss fließt ruhig dahin, was in den hektischen Zeitläuften wohltut. Aufgehalten wird die Strömung im Spreewald. Einem Delta gleich breitet sich das Gewässer zum Labyrinth aus. Ein Wanderer im Erzgebirge kann sich verlaufen, ein Besucher im Spreewald kann sich verschippern, verschwimmen oder verkahnen. Je nach Fortbewegungsart. Wer ohne Plan einfach drauflosrudert, verirrt sich. Allerdings wäre das kein Drama, denn überall am Kanalrand finden sich nette Menschen oder Schafe oder Gurken. An den Touristenstrecken reichen Spreewälder das EU-geschützte Gemüse wie Barkeeper auf einem Kreuzfahrtschiff Cocktails. Es bleibt das Geheimnis der Spreebauern, mit welchen Gewürzen sie das spezielle Aroma des grünen Kürbisgewächses hinbekommen. Sollte es nicht schmecken, ist das ebenfalls kein Unglück. Denn an jedem Steg kredenzen Männer Glas um Glas Spreewaldbitter, der süß die Kehlen hinabfließt. Da ist das Überleben gesichert.

Aber auch nüchtern lässt es sich im Spreewald leben. Überall gleiten Kähne über die Kanäle. Von beiden gibt es offensichtlich Hunderte. Und natürlich wird nicht gerudert, sondern gestakt. Das Staken ist Volks- und Leistungssport zugleich. Eine Massenbewegung vor allem im Sommer. Dann sieht es aus, als wären einem Ausflugsdampfer die Rettungsboote gekapert worden. Bunte Kleckse schwimmen zwischen den Bäumen, alles, was schwimmt, taugt zur Rettung. Es kann passieren, dass junge Menschen mit einem getunten Kahn Wellen machen und ihre Sound-Anlage die Stille durchbricht. Es kann passieren, dass Rentner Faltbootrennen fahren, als wäre Faltbootfahren eine olympische Disziplin. Aber meistens sind die Menschen hier diszipliniert, entspannen bei der Fahrt, springen vielleicht mal ins Nass oder setzen sich zum Picknick auf eine der Inseln. Besser aber sind die unzähligen Restaurants oder ein Halt an einer der Heimatstuben, einem Museum oder einer Mühle. Leipe ist einer der Orte, die für Sachsen gut erreichbar sind und als Hafen vor Abfahrt und Ankunft alles bieten.

< 184 | 185 >

Spreewald

Fährmanns Verein Leipe e. V.
03222 Lübbenau, OT Leipe | Telefon 03542 47627
www.spreewald.de

Der schiefe Platz
von Sachsen

Aus schwarzem Basalt entstand die Burg **Stolpen**. Der Ort bekam seinen Namen von dem Vulkangestein: stolpno – der Säulenort. Unterhalb der Burg liegt der schiefe Platz von Sachsen.

Es gibt nur einen Marktplatz in Sachsen, der so kippt. Er ist schiefer als der Turm von Pisa, und nie gab es den Wunsch, hier etwas geradezurücken. Diese Stadt ist schräg. Und schwarz. Schwarzsteinstadt könnte sie heißen, aber sie nennt sich nach dem dunklen Basalt, der vor 30 Millionen Jahren vulkanheiß aus dem Boden schoss. Stolpen, slawisch stowp, ist die Säule oder Stufe, stolpno der Säulenort. Wer den schiefen Marktplatz nach oben läuft, kommt am Fuße der Basalt-Burg zu einer schwarzen Steinorgel. Die fünf- bis achtkantigen Basaltsäulen strecken sich zum Himmel. Ein Löwe wacht davor, dass nicht der Teufel in die Tasten haut, denn dann wäre hier die Hölle los. So schweigen die Schwarzsteinpfeifen und geben der Burg Halt. Sie stützen den Siebenspitzturm des alten gotischen Schlosses, das Napoleons Soldaten im Juli vor 200 Jahren zur Ruine sprengten. Österreicher und Russen gaben ihr im September 1813 den Rest. Seitdem steht das ruinierte Schloss wie ein Scherenschnitt im Schatten seiner großen Festungskollegen wie beispielsweise Königstein.

Die Lieblichkeit der Stolpener Basaltburg blieb. Und dazu kommt die Geschichte der schönen Cosel, die 49 Jahre hinter diesen Mauern in Gefangenschaft lebte. August der Starke hatte seine Mätresse satt, weil sie sich penetrant einmischte in seine Geschäfte, aber wohl vor allem, weil sie seine miesen Intrigen durchschaute. Sie liebte ihn trotz Gefangenschaft und hoffte ein Leben lang, er möge sie erlösen. Vielleicht tröstete sie sich auf der Burg mit einem Hauptmann, aber das ist nicht bewiesen. Bewiesen ist nur, dass sie in der Bibel las und gottgläubig ihre Gebete in die Seiten schrieb. Ihr heiliges Lesebuch liegt heute im Coselturm, wo die Gräfin wohnte. Manchmal sehnte sie sich an ihren Geburtsort zurück, Gut Depenau, heute ein Ortsteil von Stolpe in Holstein. Nur ein Buchstabe trennte sie von der Heimat. In Stolpe 1680 geboren, in Stolpen 1765 mit 85 Jahren gestorben. Ein biblisches Alter.

Auf der Burg gründete sich 1996 das Kleine Burgtheater. Hier spielen in der Kornkammer Dudelsacksen, hierher kommen Schauspieler aus ganz Deutschland. Der Burgchef, ein Stolpener, der Major heißt, kennt sich aus. Er weiß jeden Winkel zu beschreiben und führt geistreich durch die Basaltkeller, die es auch nur hier in dieser schrägen Stadt, unter der Festung und unter den Häusern, gibt. Seit tausend Jahren. Da muss keiner etwas geraderücken. Das steht fest wie der schiefe Platz von Sachsen.

Stolpen

Burg Stolpen
Schloßstraße 10 | 01833 Stolpen | Telefon 035973 2340
www.burg-stolpen.de

Der Stein der Nixen

Am Nixenstein an der Elbe in **Strehla** sollen sich Jünglinge in den Fluss geworfen haben, um den Verführerinnen folgen zu können. Vorsicht ist noch heute geboten.

Sie können den Tod bringen. Aber davor kommt die Verführung. Nixen betören vor allem Männer, die lustvoll untergehen. Strehla lockt sogar mit einem ganzen Nixenpfad. Denn immer wieder sollen die Flossenmädels aus der Elbe in die Stadt gegeistert sein. Bis in den Ballsaal kamen sie, um sich Jünglinge zu holen. Kurz vor Mitternacht entschwanden die betörenden Fräuleins Richtung Elbe und tauchten in die Fluten. Das war so Nixenbrauch. Die liebestrunkenen Burschen rannten den schönen Bräuten hinterher, um dann am Nixstein den Wunderwesen nachzuschwimmen. Manche kamen nie wieder, andere retteten sich in letzter Sekunde aus dem Wasser. Aber die Legende sagt, dass Strehla auch Glück hatte mit den geheimnisvollen Wesen, denn sie legten dankbar ihre Schätze in dem Ort an.

Deshalb besitzt die Stadt seit jeher einen sagenhaften Zauber. 400 vor Christus siedelten hier schon Germanen. Sie verschwanden, warum, weiß keiner. Um 500 ließen sich Slawen nieder. Auch sie verschwanden. Aber sie hinterließen einen Herrschersitz, den sie um 900 errichtet hatten. Der lieferte das Fundament für das heutige Schloss mit Burgruine samt Rittersaal. Später nahmen die Sachsen das Anwesen in Besitz. Sie hielten es bis heute hier aus, auch wenn sie immer wieder vom Wasser umspült wurden. Zuletzt im Juni 2013. Zehn Jahre zuvor hatten die Stadtväter die Idee, mit dem Nixenmythos zu werben. Die Elbewesen seien, Achtung: furchtbares Wort, das »Alleinstellungsmerkmal«. Eine Miss Nixe sollte gekürt werden, aber keine einzige Strehlaerin fand es besonders attraktiv, an der Wahl teilzunehmen. Also karrte der ortsansässige Diskotheker Go-go-Girls in die Kleinstadt.

Viel schöner allerdings sind jene Nixen, die an der Elbe stehen, in Blech oder Stein. Sie schauen sehnsüchtig übers Wasser, egal, ob das die Ebene flutet oder sich zurückzieht. Trockenheit mit Hungersnöten gab es in dem Ort genauso oft wie Hochwasser mit unermesslichen Schäden. Die Nixen seien schuld, sagen Strehlaer. Aber warum sie sich gerade diesen Ort suchten, um ihr Unwesen zu treiben, bleibt rätselhaft. Als erzieherische Maßnahme für Kinder jedoch taugte der Nixenmythos allemal. Denn der Hinweis auf die Geister soll den Nachwuchs davon abhalten, sich der Strömung des Flusses zu sehr zu nähern.

Inzwischen lädt ein Nixen-Freizeitbad mit Campingplatz ein, hinter dem Schloss liegt ein herrlicher Park mit Freilichtbühne, und dort befindet sich ein Kleintierzoo mit Eseln, Ponys, Alpakas, Schafen und Ziegen. Alles ganz ungefährlich.

Strehla

Zoo Strehla
Schloßplatz | 01616 Strehla | Telefon 035264 90268
www.strehla.de

Bar im
Bahnwärterhaus

Das alte Bahnwärterhaus in **Tharandt** bauten Studenten zu einer kleinen Kneipe um. Von hier aus kann man wunderbar durch den Wald wandern.

90

Nah am Gleis zu wohnen besitzt literarisches Potenzial. Die Züge fahren vorüber, der Held sitzt an seinem Schreibtisch und blickt den roten Leuchten sehnsüchtig hinterher. Ein Bahnwärter zu sein ist personifizierter Dienst nach Vorschrift mit Disziplin bis zur Selbstaufgabe. Irgendwann Ende der 1990er-Jahre kam für sie die Revolution. Es hätte ihre ganz persönliche Befreiung bedeuten können – wenn die Bahn ihre treuen Diener nicht einfach abgeschafft hätte. Denn längst erledigten ihre Arbeit elektronische Stellwerke. Die kleinen Häuschen am Rande der Schiene gelangten in die Immobilienblase und wurden meistbietend versteigert. Vor allem an stillgelegten Strecken lohnte sich der Kauf, denn die Hütten gehörten in die Kategorie bezahlbar, und mit etwas handwerklichem Geschick waren sie schnell gemütlich hergerichtet. Selbst an befahrenen Strecken stehen heute zumeist schick aufgeputzte Häuser.

In mühevoller Kleinarbeit wandelte sich so ab 2006, nur wenig entfernt vom Bahnhof Tharandt, zwischen Weißeritz und Schiene ein Bahnwärterhäuschen zum Café. Hinter der Rückwand werfen Bäume Schatten. Überall führen Wege weg. Von hier erobern sich Wanderer den Tharandter Wald wie Bergsteiger von einem Basislager das Hochgebirge. Außerdem befinden sich die Burgruine und der Forstbotanische Garten nur wenige Meter entfernt.

Allerdings gehörte der Wiederaufbau des Bahnwärterhäuschens nie zum Plan. Ursprünglich legten Wissenschaftler für das Gelände nach 2002 ein anderes Konzept vor. Hier sollte aus Spendenmitteln eine Brücke entstehen, um die beiden Hälften des Außenstellencampus der Technischen Universität Dresden elegant miteinander zu verbinden. Dafür erwarb ein Verein das Grundstück samt Haus, Pienner Straße 11. Doch meistens kommt es anders, vor allem als Forscher denken. Aus der Brücke wurde nichts, aber da stand ja noch das alte Haus.

Studenten hatten die Idee, hier einen kleinen Rückzugsort entstehen zu lassen. Zweifellos ahnten sie nicht, was das bedeutete. Einer der Professoren für Forsttechnik, Jörn Erler, meinte später, nur mit dieser Naivität sei der Start möglich gewesen. Die Geschichte des jahrelangen Wiederaufbaus besitzt jedenfalls literarische Qualität der anderen Art. Denn viele Menschen ließen sich von der Idee begeistern und halfen mit. Sie ließen den Zug nicht abfahren, sondern stellten selbst die Weichen, schufen ein geschmackvolles Kleinod und schauen freudig nach vorn.

< 190 | 191 >

Tharandt

Café & Bar – Bahnwärterhäuschen
Pienner Straße 11 | 01737 Tharandt | Telefon 035203 44528
www.cafe-tharandt.de

Der Mittelpunkt Sachsens

In der Nähe der Burg **Tharandt** soll sich der Mittelpunkt Sachsens befinden. 190 Kilometer Wanderwege schlängeln sich durch den Wald.

91

Es gehört zu den neuen Gesellschaftsspielen, im Mittelpunkt zu stehen. Wer es dorthin schafft, gehört anscheinend zu den Gewinnern. Castingshow heißt das Fernsehformat für Mittelpunktsteher. Doch Deutschland ist längst leer gecastet. Sogar das Land selbst war schon dran. Überall legten Vermessungstrupps Orte in den Mittelpunkt. In Sachsen liegt heute das geografische Zentrum im Tharandter Wald. Der Wald kann nichts dafür, er steht, wo er wuchs. Und dass sich um ihn herum die Grenzen immer wieder änderten, war nie sein Problem. Menschen hingegen sind offensichtlich wild auf einen Mittelpunkt. Also legten sie ihn schon im Königreich Sachsen fest. Da lag er in Lichtenberg im Erzgebirge. Nach 1815 wanderte er nach Großschirma bei Freiberg und 1990 nach Grillenburg bei Hartha mitten in den Tharandter Wald. Hier steht seit 1994 eine Stele. Und der Mittelpunkt wurde sogar beim Patentamt in München angemeldet. Könnte ja sein, ein anderer will gern im Mittelpunkt stehen.

Dem Wald zwischen Tharandt, Hartha, Grund, Hetzdorf, Klingenberg und Dorfhain ist das egal. 190 Kilometer schlängeln sich Wanderwege zwischen den Bäumen hindurch. Immer um den Mittelpunkt herum. Ein Ziel darf dabei nicht verpasst werden: der Ort Tharandt. Denn hier schlummert eine Burgruine, die schon vor über 800 Jahren Lebensmittelpunkt des Markgrafen Dietrich von Meißen war. Er setzte damals einen Vogt als Verwalter seiner Ländereien ein. Der adelige Beamte hieß Boriwo de Tarant und kam aus Südtirol. Bald entstand eine kleine Festungsanlage, die der in seiner Heimat, in Tarantsberg, glich wie ein Ei dem anderen. Tharandt als Kopie eines Südtiroler Dorfes. Die Burg war sehr kompakt und einbruchsicher. Dem Markgrafen hat das wenig genützt. Mörder brachten ihn 1221 zur Strecke. Ein Burgbesitzer folgte dem nächsten, und irgendwann kümmerte sich keiner mehr, und das Gemäuer verfiel. Mitte des 16. Jahrhunderts nahmen Anwohner die Steine, um sich Häuser zu bauen. Auch die Kirche entstand aus den Restmauern. Es blieb eine romantische Ruine. Daneben steht seit 1861 ein Schloss, das sich mit seiner maurisch-orientalischen Architektur in den Mittelpunkt drängelt. Hier wohnten merkwürdige Gestalten, ein Bildhauer, ein Kammerherr und ein Hochstapler. Später zog die forstliche Lehranstalt ein. Schließlich gab es hier viel schönen Wald, der mit Bedacht aufgeforstet wurde. Heute ist das Schloss wieder in privater Hand. Für eine Wanderung zum Mittelpunkt Sachsens ein idealer Ausgangspunkt.

< 192 | 193 >

Tharandt

Burg Tharandt
01737 Tharandt | Telefon 035203 395-0
www.tharandt.de

Die protestantische Stadt an der Elbe

Wie eine Muschel aus dem Ozean wirkt der Wendelstein auf dem Schloss Hartenfels in **Torgau**. Hier drehte einst die Defa den Märchenfilm um Dornröschen.

92

Die Torgauer Brücke ist weg. Wie ein alter Steg landete sie auf dem Müllhaufen der Geschichte. Am 25. April 1945 reichten sich hier russische und amerikanische Soldaten die Hände. Die alliierten Truppen hatten den deutschen Naziwahnsinn beendet und eine Brücke zwischen den Kontinenten geschlagen. Das Bild ging um die Welt, Torgau wurde berühmt, der Elbe Day wird noch heute gefeiert. Deshalb fahren Menschen nach Torgau. Doch die alte, sanierungsbedürftige Brücke ist 1993 abgerissen und hundert Meter stromaufwärts ersetzt worden durch eine 30 Millionen DM teure, aber lächerlich gesichtslose Stahlverbundkonstruktion. In den Jahren nach 1990 ging vieles schnell, manches zu schnell.

Langsam jedoch ging es bei den Gebäuden zu. 500 Baudenkmale im Stil der Renaissance stehen in Torgau. Ein Schatz, dessen Erhaltung kostet. Schloss Hartenfels stand bis zum Jahr 2000 wie ein Trauermahnmal, dann fand in Torgau die 2. Sächsische Landesausstellung statt, und 26 Millionen Mark halfen, das Denkmal zu sanieren. Die Brücke war zerstört, aber diese Stadt hatte den Krieg und die DDR überlebt, obwohl dort für die Bauten aus adeliger Zeit der Slogan galt: Ruinen schaffen ohne Waffen.

Irgendwie hatte das alte Zentrum Sachsens Glück, denn so recht wagte keiner, das protestantische Nest zu schleifen. Darin lag zu viel Symbol. Luther streifte einst durch die Straßen der Stadt, die sächsischen Kurfürsten schützten den Kirchenreformer. Das Gotteshaus des Schlosses entstand nach seinen Ideen und ist der erste protestantische Kirchenbau Europas. Vom Reformator persönlich geweiht. Der älteste erhaltene Teil des Schlosses stammt aus dem 15. Jahrhundert. Hier lebten einst die Ernestiner. Der Wendelstein zählt zu den Höhepunkten der deutschen Baukunst, ein Denkmal der Weltarchitektur. Spindellos, frei tragend, bezeichnet als unmögliche Treppe. Dornröschen stieg im Defa-Märchenfilm 1970 über die Stufen. Später waren sie zwanzig Jahre gesperrt. Es drohte der Einsturz. Um sie zu sanieren, trugen Konservatoren die gesamte Treppe ab und bauten sie wieder auf. Es gelang. Diese Stadt steckt voller Symbole. Der einstige Nabel Sachsens fiel nach den Napoleonischen Kriegen 1815 an Preußen. Schande. Erst mit der Gründung des Freistaates Sachsen kehrte die Stadt in ihre Heimat zurück. Hier ist jeder Weg Geschichte, und 2017 wird die Stadt wieder Zentrum. Dann feiert Sachsen 500 Jahre Reformation, um Brücken zu schlagen.

Torgau

Schloss Hartenfels
Schlossstraße 27 | 04860 Torgau | Telefon 03421 70140
www.tic-torgau.de

Wellenreiter an der Elbe

93

Der Marktplatz in **Wehlen** mit Brunnen und Gaststätten. Hier gibt es eine Nudelmanufaktur, ein Eiscafé und eine kleine Bonbonfabrik.

Wehlen lebt mit dem Fluss, das Grundwasser knapp unter den Stuben. Vielleicht stammt der Name von den Wellen ab, die immer wieder in die Gassen schwappen. Das Stadtwappen jedenfalls trägt wellendes Wasser in sich und darauf ein Segelschiff, vielleicht ein Lastenkahn mit frischer Ware, vielleicht ein Ausflugspott, eine Fähre oder aber das Rettungsboot. Alles geht hier vor Anker. Archivare belächeln die Wellen-Theorie. Sie erklären, der Name stamme von einem Burgherrn, Theodericus de Vylin, der im 13. Jahrhundert hier lebte. Wir können ihn nicht mehr fragen, weil schon im 15. Jahrhundert keiner mehr in dem Gemäuer wohnte; die Festung begann zu verfallen. Auf Kupferstichen Adrian Zinggs aus dem Jahre 1779 hebt sich die Burgruine hoch über den Elbhang. 1787 und 1788 verursachten Einstürze großen Schaden. Noch auf einer Radierung von J. C. A. Richter aus dem Jahre 1830 scheint die Burg hoch über der Stadt zu stehen. Doch Fantasie und Wirklichkeit sind in der Kunst bekanntlich nah beieinander. Erhalten blieben die Grundmauern eines Turmes, ein Keller und ein Rundturm, vermutlich eine Bastion, die sogenannte »Trommel«.

Dort wo einst die Burg stand, thronen heute Häuser, sie stehen wie auf hohen Steinstelzen, Terrassen vor den Fenstern mit Blick ins Elbtal, wo aufwärts die Basteiwände und davor die weißen Brüche leuchten. Bei guter Sicht ist die Burgruine Altrathen zu sehen. Links sind die weißen Brüche hinter Bäumen versteckt.

2002 floss den Wehlenern die Elbe gewaltig durch die Stuben. Danach schien der Ort wie schwer verletzt. Die Stadt zwischen Obervogelgesang und Bastei fiel wie in eine Winterdepression. Viele fühlten sich verlassen. Doch das ging vorbei. Im Juni 2013 kam die Elbe wieder hoch. Gott verdammt. Nur die Radfahrerkirche am Markt blieb verschont. Ein gutes Zeichen. Wehlen startete wieder durch. Diesmal viel schneller. Und es wird noch schöner. Auf dem Markt plätschert das Wasser im Sandsteinbrunnen, im Parterre des Rathauses gibt es Süßes und Seifenblasen. Die Bonbonwerkstatt erinnert an Willy Wonka, den Besitzer der Schokoladenfabrik aus dem Kinderbuchklassiker von Roald Dahl. Wie süß. Gleich nebenan lockt ein Nudelrestaurant, wo sächsische Eierteigwaren hergestellt werden, und gegenüber bietet sich hausgemachtes Eis an. Bio-Wehlen liegt voll im Trend. Denn über den Elberadweg in der Sächsischen Schweiz fahren pro Jahr 420 000 Radler. Tendenz steigend. Davon lebt Wehlen ganz gut – wenn die Wellen nicht zu nah kommen.

Wehlen

Radfahrerkirche Wehlen / Philippus-Kirchgemeinde Lohmen
Dorfstraße 1 | 01847 Lohmen | Telefon 03501 588032
www.wehlen-online.de/kirche

Alle Wege führen zum Brand

Aus dem Schnapsbrunnen in **Wilthen** fließt kein Schnaps und auch kein Trinkwasser. Aber gegenüber brennen die Wilthener seit über einem Jahrhundert guten Weinbrand.

94

Wenn Schnaps aus einem Brunnen fließt, dann muss hier Schlaraffenland sein. Es kommt aus vollen Rohren. Doch die Ernüchterung folgt beim Lesen eines kleinen Schildes am Wilthener Schnapsbrunnen: Kein Trinkwasser. Also nicht mal das. Aber es riecht hier leicht süßlich. Eine Wolke Alkoholvermutung schwebt über dem Platz, denn gegenüber dem Brunnen steht die Weinbrennerei.

Der Platz trug lange den Namen des Arbeiterführers Ernst Thälmann, und zu ihm führt die Straße der Befreiung. Alle Wege in Wilthen führen zur Brennerei. Jedenfalls kennen Wilthen die meisten wegen des Wiltheners. Jetzt heißt der Platz nach der Schutzheiligen St. Barbara. Aber völlig egal, ob Arbeiterführer oder christlichsoziales Weibsbild, der Umsatz des Alkoholproduzenten stimmte immer. Wilthener sei Volksschnaps, wirbt das Unternehmen und rühmt sich, dass Goldkrone mit 26 Millionen Flaschen die meistverkaufte Spirituose Deutschlands sei. Na dann – Prost.

Seit 1842 verwandeln Wilthener Weintrauben in Weinbrand. Die Weindestillate kommen aus dem französischen Gebiet Charante. Der Alkohol lagert in Fässern aus Limousin-Eiche. Bis zu 18 Jahre reift edler Wilthener. Noch heute darf der Besucher jenes Fass bewundern, das schon im Jahre 1900 auf der Pariser Weltausstellung für Aufsehen sorgte. Ein wenig erinnert der Rundgang durch die Fabrik an jene Touristenziele in Schottland, wo Whisky in tiefen Kellern schlummert. Doch Sachsen ist anders. Weinbrand kommt zwar dem Namen nach vom englischen Brandy, ist aber von der Art der Herstellung und der Herkunft her vielmehr Cognac. Nach der Niederlage im Ersten Weltkrieg gab es allerdings den Vertrag von Versailles samt dem Champagnerparagrafen. Der verbot, Deutsches nach französischer Herkunft zu benennen. So entstand nicht nur Schaumwein, sondern eben auch Weinbrand. All das erfährt der Besucher in dem Museum des Unternehmens.

Und während draußen im Schnapsbrunnen Wasser plätschert, rasen drinnen die Flaschen über die Bänder, bis zu 250 000 Stück täglich. Der Bedarf scheint groß zu sein. Und wer nach der Verkostung beim Spaziergang durch die Stadt plötzlich einen Pumphut sieht, muss nicht seine Promille testen, sondern darf sich ganz und gar wohl fühlen. Pumphut ist der Hexenmeister der Oberlausitz, der sich einst in der Stadt niederließ. Ihm gefiel es hier so gut. Kein Wunder, denn Pumphuts Wanderweg führt natürlich am St.-Barbara-Platz vorbei. Und da reicht es schon, tief einzuatmen, um Wilthener zu schnüffeln.

< 198 | 199 >

Wilthen

Hardenberg-Wilthen AG
St.-Barbara-Platz 8 | 02681 Wilthen | Telefon 03592 384 0
www.hardenberg-wilthen.de

In der Schlucht des Wolfes

95

Vom Hockstein aus führt der Weg durch die **Wolfsschlucht** *ins Polenztal unterhalb von Hohnstein. Exakt 508 Stufen klemmen im Sandstein.*

Es wird eng. England mitten in der Sächsischen Schweiz. Links und rechts Wände aus Sandstein. Es tropft, Moos liebt die feuchte Ecke. Mittendrin eine Fluchttreppe talabwärts. Wolfsschlucht nennt sich dieser Weg in der Nähe des Hocksteins. Das Elbsandsteingebirge kennt viele schreckliche Flurnamen, die auf eine unwirtliche Gegend hinweisen – abstoßend, aber zugleich verlockend: Wilde Hölle, Satanskopf, Teufelskammer, Höllenhund. Schon in den »Pitoreskischen Reisen durch Sachsen oder Naturschönheiten Sächsischer Gegenden auf einer gesellschaftlichen Reise gesammelt von J. Brückner und Christian August Günther« aus dem Jahr 1797 heißt es: »Der hervorstechende Charakter dieser Berge und der zunächst daran stoßenden Gründe ist Verwüstung und Untergang in Groß und Klein … In jenen tiefsten Gründen würde ich ohne Führer wie in einem Irrgarten vergebens den Ausgang gesucht haben.«

Die Namen lassen vermuten, dass hier einst nicht nur der Teufel los war, sondern auch Wölfe durch die Wälder rudelten. Neben der Schlucht am Eingang ins Polenztal liegt die Wolfshöhle, gut 20 Meter tief. Der Mensch lernte vom Tier und nahm schon in der Steinzeit die Höhle in Besitz, baute Leitern in die Schlucht, um schnell aus dem Tal auf die Höhe zu kommen. Manchmal muss man abkürzen, um ans Ziel zu kommen. Zu Beginn des 19. Jahrhunderts führte eine hölzerne Stiege durch den Felsenspalt. Heute ist der Weg bequemer. Stahltreppen klemmen im Sandstein. 508 Stufen, die Wadenkrämpfe auslösen. Die Befreiung erfolgt durch ein Tor, das gotisch zugespitzt wie die Tür zu einer Kirche wirkt.

Die Gefahr indes ist längst nicht vorüber, denn es folgt die Teufelsbrücke. Mag sein, dass der Satan dem Wanderer noch immer auflauert. Spalten für den Absturz jedenfalls müssen überbrückt werden. Doch nicht überall. Vor 60 Millionen Jahren brach unter der Spannung die einst riesige Sandsteinplatte des kompakten Gebirges auf, zerklüftete die Quader. Das in den Tälern ewig zur Elbe hin strömende Wasser und der Wind schufen später die bizarren Formen der Felsen. Hier fließt die Polenz am Grund, der gerade an heißen Tagen herrlich kühlt. Die Schänke an dem Bach oder jene oben am Hockstein laden ein zu guter bürgerlicher Küche. Nur allzu viel sollte der Gast nicht vertilgen, sonst passt er nicht mehr durch die enge Schlucht. Und der Weg außenrum ist viel zu lang und keineswegs so aufregend und abenteuerlich wie der Pfad der Wölfe.

< 200 | 201 >

Wolfsschlucht

Nationalpark-Zentrum Sächsische Schweiz
Dresdner Str. 2b | 01814 Bad Schandau | Telefon 035022 50240
www.nationalpark-saechsische-schweiz.de

Zarte Versuchung mit Zahnarzt

Das Palais in **Zabeltitz** gehört Anfang der 1990er-Jahre der Deutschen Bahn, die es außen denkmalgerecht sanieren ließ. Innen durfte sich ein Designer mit viel Geld austoben.

In dem Palais herrscht luxuriöse Geschmacklosigkeit. Als das Renaissance-Gemäuer in Zabeltitz nach 1990 von der Deutschen Reichsbahn an die Deutsche Bahn fiel, durfte sich in dem Haus ein Architekt austoben. Motto: Sanieren geht vor Tradition. Hauptsache, schick und made in Teuer. Die Mitarbeiter des Transportunternehmens sollten sich hochherrschaftlich weiterbilden dürfen und sich fühlen wie neureiche Wendegewinnler. Den Bundesrechnungsprüfern fiel die Verschwendung irgendwann auf, und so musste die Bahn die Nobelhütte nach zehn Jahren wieder verkaufen.

Jetzt gehört das Anwesen der Stadt Großenhain, aber in dem Palais stehen noch immer vor einem in weißen Marmor gefassten Kamin schwarze Lederliegen, die an Bahnsteigwartebänke erinnern, aber aus einem Design-Studio stammen. Der ursprüngliche Erbauer des Prachtbaus dürfte sich im Grab rumdrehen, würde er von der Sanierungsorgie erfahren. Ganz unwahrscheinlich ist das nicht, denn er liegt nur wenige Meter entfernt auf dem Friedhof gegenüber. Graf Wackerbarth bekam 1728 die Anlage samt Land von August dem Starken geschenkt, ließ die alte Wasserburg zu dem Palais umbauen und nach französischem Vorbild einen Barockgarten anlegen. Es entstand die zarteste Versuchung, seit es Schlösser gibt. Klein, aber fein. Schlichte Eleganz als kompletter Gegensatz zur späteren Bahnübersanierung.

In dem Park liegt ein flaches Wasserbecken, welches das Palais spiegelt. Rechts und links recken sich himmelhoch Linden und Kastanien, aufgereiht wie zum Appell angetretene Zinnsoldaten. Die Wege werden begrenzt von Hecken, alle Schnitt für Schnitt gut in Form. Die Spazierpfade führen parallel zu kleinen Teichen und Flüsschen, ein ausgeklügeltes Wassersystem, das die Große Röder speist. Und dann existiert noch das Alte Schloss. Das ist mit seinen 84 Metern Länge viel größer als das Palais, wirkt indes unscheinbar. Es entstand ab 1588. Hier brachte einst der Kurfürst seine Pferde unter, wenn er mit Gästen zur Jagd in den damals weitläufigen Schradenwald kam.

Nach dem Zweiten Weltkrieg zog das Landambulatorium ein, heute praktizieren hier ein Allgemeinarzt und ein Zahnarzt, arbeiten Mitarbeiter des Fremdenverkehrsamtes; ein Saal bietet beste Möglichkeiten für Veranstaltungen, außerdem lädt ein Standesamt zum Heiraten ein. Gleich um die Ecke befindet sich die über 430 Jahre alte St.-Georgen-Kirche. Palais, Park, Schloss, Kirche – ein wirklich geschmackvolles Ensemble. Da fehlt nichts mehr zum gemeinsamen Glück.

Zabeltitz

Fremdenverkehrsamt Zabeltitz
Am Park 2 | 01561 Großenhain – Zabeltitz (OT) | Telefon 03522 502555
www.grossenhain.de

Ein Tuch zum Fasten

97

Das große **Zittauer** Fasten-tuch hängt wie ein mittel-alterliches Gemälde in der Kirche zum Heiligen Kreuz. Im Zweiten Weltkrieg zer-rissen russische Soldaten das wertvolle Leinen.

Die Sowjetsoldaten nahmen es als Zelt. Wie ein riesiges Laken spannten sie es 1945 über ihre Freiluftsauna. Und weil auch Handtücher fehlten, rissen sich die Jungs was ab. Sie hatten ja gerade den Krieg gegen die Deutschen gewonnen, da konnten die schon mal ihre alten Lappen hergeben.

Die Befreier hatten allerdings nicht den Hauch einer Ahnung, was sie da gerade als Dampfsperre missbrauchten. Es war ein 8,20 Meter langes und 6,80 Meter brei-tes Tuch aus dem Jahre 1472. Auf diesem Leinen steht die Geschichte von der Er-schaffung der Welt bis zum Jüngsten Gericht in 90 Bildern und wird nicht wie damals üblich in Latein, sondern bereits in Deutsch erzählt. Den Künstler kennt keiner mehr, aber den Spender. Der hieß Jakob Gürtler, arbeitete sich als Gewürzhändler reich und stiftete das Fastentuch der Zittauer Hauptkirche St. Johannis. Zweihun-dert Jahre lang hängten die Pfarrer das bemalte Leinen immer von Aschermitt-woch bis zum Ende der Karwoche vor den Altar des Gotteshauses. Der Blick auf das Heiligste blieb somit verwehrt, und zur körperlichen Askese kam die seelische Buße hinzu. Nur Bilder durfte der Gläubige sehen und lesen, wenn er konnte.

Die ungläubigen Sowjetsoldaten verstanden weder Malereien noch Deutsch, vor allem aber wussten sie nicht, dass das Fastentuch schon einmal verschwun-den war. Nach 1672 nämlich schien es, als hätte es der Erdboden verschluckt. Alle glaubten, es sei damals bei einem der großen Zittauer Stadtbrände zerstört wor-den. Doch es steckte fast 170 Jahre hinter einem Bücherregal in der Ratsbibliothek, offensichtlich benutzt als Dämmmaterial. Bei Aufräumarbeiten fand es sich wie-der, da war es schon schlappe 368 Jahre alt und immer noch unversehrt. Der säch-sische Altertumsverein stellte es 1842 bis 1876 in Dresden aus, und später hing es bis 1933 noch mehrmals in Zittau, bis es während des Krieges in den Keller der Klo-sterruine Oybin ausgelagert wurde. Und dort fanden es die Soldaten, die in der russischen Heimat so gern saunierten und darauf auch weit weg von zu Hause nicht verzichten wollten. Sie ließen das Tuch verblichen und zerstückelt, aber vollstän-dig zurück, und so blieb es jahrelang im Zittauer Museumsdepot. 1974 holten es Mitarbeiter hervor, versuchten es zu restaurieren, scheiterten jedoch. Nach 1990 gelang die Wiedergeburt, mit vielen Spendern, und seit 1999 hängt es als einziges Fastentuch mit deutschen Lettern in der Zittauer Kirche zum Heiligen Kreuz. Um es zu bewundern, kommen Menschen aus der ganzen Welt, auch aus Russland.

< 204 | 205 >

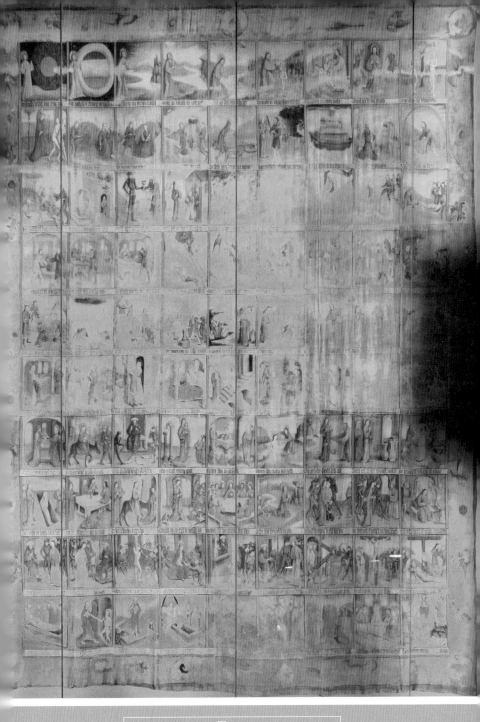

Zittau

Museum »Kirche zum Heiligen Kreuz«
Frauenstraße 23 | 02763 Zittau | Telefon 03583 5008920
www.zittau.eu/fastentuecher

Richtig Dampf
ablassen

98

Die Kleinbahn in **Zittau** fährt bis zum Oybin. Mit Dampfloks zuckeln die Wagen ohne Eile die Strecke durch die Berge.

Gut Ding will Weile haben. Es schnauft und kämpft sich über die Berge von Zittau bis zum Oybin. Zoje heißt das Dampfross, das Gäste durch das Gebirge zieht. Allerdings ist Zoje kein Pferdename, sondern die Abkürzung für Zittau-Oybin-Jonsdorfer Eisenbahngesellschaft oder besser: Zug ohne jede Eile. Heute ist es die SOEG, die Sächsisch-Oberlausitzer Eisenbahngesellschaft.

Schon Ende des 19. Jahrhunderts mussten sich Menschen mit Ideen gedulden. Oberbaurat Christian Theodor Sorge war so ein Mann mit Ideen und schlug 1873 der sächsischen Regierung vor, die Bahn zu bauen. Er bekam keine Antwort. Also schrieben Mitglieder des Gebirgsvereins Jahre später einen Brief an den Landtag, man möge doch endlich eine Bahn von Zittau zum Oybin bauen, um die vielen Touristen besser transportieren zu können. Doch der Landtag entschied nichts. Mithin begannen Zittauer, in privater Initiative zu planen. Dafür immerhin erhielten sie eine Erlaubnis.

Nun dauerte es wieder eine Weile, bis sie die Baugenehmigung erhielten. Weil der Staat gegenüber Menschen mit Privatinitiative schon damals misstrauisch war, stellte er auch noch Bedingungen. Die Bahn musste nach den Vorgaben sächsischer Schmalspurbahnen gebaut werden, in exakt 18 Monaten sollte alles fertig sein, und die Betriebsführung übernahm die Staatsbahn. Wenn öffentliche Einrichtungen nur selbst ihre Forderungen einhielten, würde beispielsweise die Waldschlößchenbrücke in Dresden nicht 23 Millionen Euro mehr kosten.

In Zittau klappte der private Bau, die Bahn fuhr am 25. November 1890 pünktlich los. Leider gelangte der erste Zug nur bis Bertsdorf. Denn auch Anfang des 20. Jahrhunderts gab es schon Unwetter. Damals verwüstete ein Winterregen die restliche Strecke. Wieder dauerte es eine Weile, bis Touristen endlich von Zittau bis Oybin fahren konnten. Aber viele Lausitzer packten mit an, und schon einen Monat später dampfte Zoje stolz ans Ziel. Schnell sprach sich herum, wie wunderbar es sich durch das Gebirge fahren lässt. Bis in die 1970er-Jahre ging alles gut, dann entdeckte der DDR-Bergbau Kohle unter den Schienen. Die Bahn sollte weggebaggert werden. Auch das dauerte wiederum eine Weile, und so kam das Jahr 1989. Manchmal ist es gut, wenn etwas nicht zu schnell geht. Die Bahn fährt noch heute. Seit 2007 zuckelt auch wieder, vom Verkehrsmuseum Dresden bereitgestellt, der legendäre Zittauer Triebwagen VT 137 322 aus dem Jahr 1937 mit. Aber ohne Eile.

Zittau

Zittauer Kleinbahn
SOEG-Kundenbüro | Bahnhofstraße 41 | 02763 Zittau | Telefon 03583 540540
www.soeg-zittau.de

Zuschendorfer Wünsche

99

Die Mauern des Schlosses **Zuschendorf** bei Pirna erstrahlen wieder wie neu. Fast wäre es abgerissen worden. Heute lädt hier die größte sächsische Kamelienschau zum Besuch.

Das Landschloss Zuschendorf hockt im Seidewitztal wie ein gelber Igel in einer üppigen Wiese. Gelbe Igel gab es nie, aber Ritter. Die hausten vor tausend Jahren an dieser Stelle auf einer Burg. Die gepanzerten Reiter suchten sich stets strategisch bestens gelegene Orte. Heute würde man sagen: verkehrsgünstig und dennoch ländlich ruhig. Lage ist für eine Immobilie eben alles. Das hat sich nicht geändert. Der älteste sächsische Adel, die Familie von Carlowitz, richtete sich hier ein und baute das Rittergut zum schicken Renaissanceschloss um. Klein, aber fein. Immer gab es irgendeinen Krieg, der Gebäude in Mitleidenschaft zog, man rekonstruierte, erweiterte. So vergingen die Jahrhunderte. Nach dem Zweiten Weltkrieg kamen plötzlich Sieger vorbei, denen der sächsische Adel samt seinen Anwesen völlig egal war. Die Sowjetsoldaten froren im kalten Winter 1946, sie sägten aus dem Dachstuhl Holz, um die Öfen zu feuern. Zu DDR-Zeiten wurden hier später Kinder betreut, es entstand ein Lager, das Schloss verfiel nach und nach. Auch ohne Krieg.

Ein Dresdner namens Volker Berthold, der Ende der 1980er-Jahre keine Aufträge mehr als als Werbegrafiker bekam, suchte sich selber Arbeit. Er fand mit Freunden das Schloss in Zuschendorf, das auf der Abrissliste stand. Die Natur holte sich das Schloss langsam zurück. Auf dem Dachboden lagen zerlegt die Schlossöfen, die Devisenbeschaffer Schalck-Golodkowski zum Verkauf in den Westen hatte verpacken lassen. Der SED-Schatzjäger wollte in dem Schloss eine Zentrale für seine Kommerzielle Koordinierung einrichten. Dazu kam es aber nicht. Keiner weiß genau, warum. Dafür bekam der VEG Saatgut das Gelände zur Saatzucht. Das war die Chance für Volker Berthold. »Wir kamen rechtzeitig, gründeten einen Verein, um das Schloss zu rekonstruieren. Wir fanden nicht nur die Öfen, sondern auch den Ofensetzer, der sie abgebaut hatte. Er baute sie wieder auf«, sagt er und klingt dabei zufrieden. Die wertvollen Öfen waren als einziges Inventar für das Schloss gerettet. Jeder Schritt in diesem Haus war eine Überraschung, jeder Fund eine Entdeckung mit Folgen. Das Refugium bekam in mühevoller Kleinarbeit seine Gestalt zurück. Nebenan gediehen inzwischen Bonsais, die kleinen japanischen Bäumchen, die schon in der DDR gezüchtet wurden, weil sie so gut in die Plattenwohnungen der Arbeiterklasse passten. Kamelien, Hortensien, Bonsai, Efeu gedeihen heute in einer Orangerie. Die Azaleensammlung ist eine der größten in Europa. Es blüht in Zuschendorf in allen Farben. Auch gelb.

< 208 | 209 >

Zuschendorf

Botanische Sammlungen | Landschloss Pirna-Zuschendorf
Am Landschloss 6 | 01796 Pirna-Zuschendorf | Telefon 03501-527734
www.kamelienschloss.de

Hier muss ich gewesen sein

Diese 99 Orte in Dresden und Umgebung muss man unbedingt besuchen. Um die Übersicht zu behalten, können Sie hier ankreuzen, wo Sie waren.

☐ 1 Akötzschenbroda (S. 12)
☐ 2 Bad Muskau (S. 14)
☐ 3 Bad Schandau (S. 16)
☐ 4 Bannewitz (S. 18)
☐ 5 Bautzen, Dom St. Petri (S. 20)
☐ 6 Bautzen, Sorbisches Museum (S. 22)
☐ 7 Bischofswerda (S. 24)
☐ 8 Bonnewitz (S. 26)
☐ 9 Borsberg (S. 28)
☐ 10 Borthen (S. 30)
☐ 11 Chemnitz, Museum Gunzenhauser (S. 32)
☐ 12 Chemnitz, Industriemuseum (S. 34)
☐ 13 Chemnitz, Karl-Marx-Büste (S. 36)
☐ 14 Chemnitz, Kaufhaus Schocken (S. 38)
☐ 15 Coswig (S. 40)
☐ 16 Deutschbaselitz (S. 42)
☐ 17 Dippoldiswalde (S. 44)
☐ 18 Dohna (S. 46)
☐ 19 Dresden, Militärhistorisches Museum (S. 48)
☐ 20 Dresden, Eisenbahnmuseum (S. 50)
☐ 21 Dresden, Windmühle Gohlis (S. 52)
☐ 22 Dresden, Kinderbauernhof (S. 54)
☐ 23 Dresden, Ludwig-Richter-Haus (S. 56)
☐ 24 Dresden, Weingut Zimmerling (S. 58)
☐ 25 Eibau (S. 60)
☐ 26 Freiberg, Dom (S. 62)
☐ 27 Freiberg, Ausstellung terra mineralia (S. 64)
☐ 28 Freiberg, Kartoffelhaus (S. 66)
☐ 29 Freital (S. 68)

☐ 30 Geierswalde (S. 70)
☐ 31 Glashütte (S. 72)
☐ 32 Görlitz, Historischer Büchersaal (S. 74)
☐ 33 Görlitz, Heiliges Grab (S. 76)
☐ 34 Graupa (S. 78)
☐ 35 Großröhrsdorf (S. 80)
☐ 36 Großsedlitz (S. 82)
☐ 37 Grüngräbchen (S. 84)
☐ 38 Hermsdorf (S. 86)
☐ 39 Hinterhermsdorf (S. 88)
☐ 40 Hohnstein (S. 90)
☐ 41 Kamenz (S. 92)
☐ 42 Kottmarsdorf (S. 94)
☐ 43 Kriebstein (S. 96)
☐ 44 Leipzig, Deutsche Nationalbibliothek (S. 98)
☐ 45 Leipzig, Spinnerei (S. 100)
☐ 46 Leipzig, Panorama Tower (S. 102)
☐ 47 Leipzig, Völkerschlacht-denkmal (S. 104)
☐ 48 Lilienstein (S. 106)
☐ 49 Löbau (S. 108)
☐ 50 Malter (S. 110)
☐ 51 Meißen, Bosel (S. 112)
☐ 52 Meißen, Heinrichsbrunnen (S. 114)
☐ 53 Meißen, Staatliche Porzellan-Manufaktur (S. 116)
☐ 54 Meißen, St. Afra (S. 118)
☐ 55 Moritzburg, Fasanenschlösschen (S. 120)
☐ 56 Moritzburg, Käthe Kollwitz Haus (S. 122)
☐ 57 Nebelschütz (S. 124)
☐ 58 Neschwitz (S. 126)
☐ 59 Neukirch (S. 128)
☐ 60 Nossen und Klosterpark Altzella (S. 130)
☐ 61 Oberau (S. 132)
☐ 62 Oberbärenburg (S. 134)
☐ 63 Oybin (S. 136)

☐ 64 Panschwitz-Kuckau (S. 138)
☐ 65 Pfaffenstein (S. 140)
☐ 66 Pirna (S. 142)
☐ 67 Pulsnitz (S. 144)
☐ 68 Rabenau (S. 146)
☐ 69 Radeberg (S. 148)
☐ 70 Radebeul, Lügenmuseum (S. 150)
☐ 71 Radebeul, Sternwarte (S. 152)
☐ 72 Radebeul, Schloss Wackerbarth (S. 154)
☐ 73 Radebeul, Spitzhaustreppe (S. 156)
☐ 74 Radebeul, Teehaus (S. 158)
☐ 75 Radebeul, Villa Sorgenfrei (S. 160)
☐ 76 Rammenau (S. 162)
☐ 77 Rathen (S. 164)
☐ 78 Rehefeld (S. 166)
☐ 79 Reinhardtsgrimma (S. 168)
☐ 80 Riesa (S. 170)
☐ 81 Riesa-Jahnishausen (S. 172)
☐ 82 Scharfenberg (S. 174)
☐ 83 Schmorsdorf (S. 176)
☐ 84 Schönfeld (S. 178)
☐ 85 Schwarzkollm (S. 180)
☐ 86 Seifersdorf (S. 182)
☐ 87 Spreewald (S. 184)
☐ 88 Stolpen (S. 186)
☐ 89 Strehla (S. 188)
☐ 90 Tharandt, Bahnwärterhaus (S. 190)
☐ 91 Tharandt, Burg (S. 192)
☐ 92 Torgau (S. 194)
☐ 93 Wehlen (S. 196)
☐ 94 Wilthen (S. 198)
☐ 95 Wolfsschlucht (S. 200)
☐ 96 Zabeltitz (S. 202)
☐ 97 Zittau, Kirche zum Heiligen Kreuz (S. 204)
☐ 98 Zittau, Zittauer Kleinbahn (S. 206)
☐ 99 Zuschendorf (S. 208)